Le guide
ultime non officiel du jeu
Star Wars Outlaws

Richard McLoughlin

Copyright © 2024 Richard McLoughlin

Tous droits réservés. L'autorisation écrite préalable de l'éditeur est requise pour la reproduction, la distribution ou la transmission de toute partie de cette publication sous quelque forme ou par quelque méthode que ce soit, y compris la photocopie, l'enregistrement ou d'autres méthodes électroniques ou mécaniques. L'exception à cette règle est l'utilisation de brèves citations trouvées dans des critiques et certaines autres utilisations non commerciales autorisées par la loi sur le droit d'auteur.

Avis de non-responsabilité

Richard McLoughlin a écrit ce livre comme une ressource pour fournir aux lecteurs des stratégies, des conseils et des idées concernant Star Wars Outlaws. L'auteur ne fait aucune déclaration ni ne donne aucune garantie, expresse ou implicite, concernant l'exhaustivité, l'exactitude, la fiabilité, la pertinence ou la disponibilité du contenu à quelque fin que ce soit, malgré le fait que tous les efforts ont été faits pour assurer son exactitude. Le lecteur assume l'entière responsabilité de l'utilisation de ce guide.

Ce guide n'est pas officiel et n'a pas été approuvé, sponsorisé ou autorisé par les créateurs, développeurs ou producteurs de Star Wars Outlaws, Lucasfilm, Disney ou Ubisoft. Tous les personnages, décors et récits mentionnés dans ce guide sont la propriété de leurs propriétaires respectifs.

Richard McLoughlin ne peut être tenu responsable de toute perte ou blessure pouvant résulter de l'utilisation de ce guide, et il n'assume aucune responsabilité pour toute erreur ou omission.

Table des matières

Introduction : Bienvenue dans la galaxie..........8
- Présentation de Star Wars Outlaws......................... 11
- Caractéristiques principales de Star Wars Outlaws. 15
- Cadre, chronologie et synopsis de l'histoire............. 21
- Synopsis de l'histoire..22
- Options de personnalisation.................................... 23

Principes de base du jeu............................... 27
- Commandes et interface de base...............................27
- Paramètres de Kessel Sabacc.................................... 30
- Paramètres de crochetage..31
- Paramètres Fast-Talk.. 32
- Paramètres de difficulté spatiale...............................33
- Paramètres des commandes..................................... 34
- Paramètres du contrôleur... 36
- Commandes du vaisseau spatial................................38
- Paramètres de la caméra et des véhicules................39
- Paramètres de la souris..40
- Paramètres généraux de l'interface.......................... 41
- Paramètres HUD (affichage tête haute)................... 43
- Paramètres de la carte et du menu.......................... 45

Conseils pour les débutants/guide de démarrage 46
- Contrats de gestion de navires et de syndication.... 60
- Comprendre la carte et le journal............................ 66
- Comprendre les modes de tir, les armes et les techniques de combat... 80
- Infiltration et réputation...83
- Techniques d'amélioration de la santé et charmes de

début de partie.. 85
Optimiser les gains de réputation...........................86

Personnages et factions.......................................89
Personnages et factions de Star Wars Outlaws....... 89
Qu'est-ce que la réputation ?.................................. 89
L'impact de la réputation sur le gameplay...............92
Développement du caractère et acquisition de compétences.. 93
Aperçu du système de progression......................... 93
Experts et compétences..94
Quelques spécialistes de renom et leurs compétences 95
Impact sur le gameplay et variété des compétences.... 98

Le guide des missions.......................................101
Canto.. 103
Mission 1 : Les débuts..103
Mission 2 : Hors-la-loi...109

Toshara... 113
Mission 3 : Crashed.. 113
Mission 4 : Underworld...117
Mission 5 : Nouveaux trucs................................... 123
Mission 6 : False Flag... 127
Mission 7 : Le mécanicien..................................... 132
Mission 8 : Épave...137
Mission 9 : Hyperspace.. 142

Kijimi..144
Mission 11 : Procédure pas à pas de l'armurier...... 151
Mission 12 : Breakthrough....................................153

Mission 13 : La Ruche.. 157
Tatooine.. **160**
    Mission 14 : Le Heavy..160
    Mission 15 : Partenaires... 164
    Mission 16 : La faveur de Jabba............................ 167
Akiva..**172**
    Mission 19 : Viper.. 181
Fin de partie..**185**
    Mission 20 : Legacy... 185
    Mission 21 : La vérité...194
    Mission 22 : Le braquage....................................203
    Mission 23 : Revelator... 211
    La fin.. 219
Épilogue : Poursuivre le voyage..................... **223**

Introduction : Bienvenue dans la galaxie

Une heure après le début de Star Wars Outlaws, je ne m'attendais pas à être émotionnellement submergé par une petite mission impliquant l'achat de pièces détachées auprès d'un gang de Jawas. Mais ensuite, j'ai foncé avec mon speeder dans la mer de dunes et j'ai repéré leur vaisseau là-bas, noir et monolithique sous les soleils bas, et soudain ces petits gars ont commencé à courir partout pour réparer des droïdes. ... cela m'a renvoyé directement à mes douze ans, à regarder Star Wars sur VHS dans ma chambre, en grignotant un bol de céréales que ma mère m'avait donné. Le vaste voyage d'Ubisoft comporte de nombreux moments de ce genre, et ils préservent sa vie à de nombreuses reprises.

Star Wars Outlaws ressemble vraiment beaucoup à un jeu Ubisoft en monde ouvert normal, malgré toute la rhétorique d'avant-sortie selon laquelle ce n'est pas un jeu Ubisoft en monde ouvert normal. Vous incarnez Kay Vess, une cambrioleuse de rue qui vit silencieusement de sa ruse jusqu'à ce qu'un vol à main armée tourne mal et qu'elle finisse par voler un vaisseau spatial, puis l'envoyer sur la lune désolée de Toshara. Elle doit vivre de là en travaillant pour les nombreux gangs criminels de la galaxie, en les montant les uns contre les autres et en se forgeant une réputation de mercenaire et de cambrioleuse compétente. Ici, les choses commencent à devenir familières. En général, cela nécessite d'aller quelque part et d'acquérir des objets ou de les faire exploser, comme dans Assassin's Creed, vous êtes rapidement confronté à des objectifs principaux de l'intrigue, à des centaines de petites tâches facultatives, et également à la possibilité d'effectuer des petits boulots pour différents contrebandiers et vauriens.

Imaginez ceci : vous slalomez dans une cantine odieuse, marchandant avec une variété de personnages louches qui font passer Solo pour un saint. La phase suivante, qui est beaucoup plus lucrative pour quelqu'un avec vos capacités, est imminente puisque l'Empire ne relâche pas son emprise.

Chaque recoin de la vraie vie telle que vous la connaissez est éclairé par des néons et pour une raison quelconque, on a le sentiment qu'il est juste de se plonger dans les vastes horizons venteux d'autres planètes. Vous plongerez directement dans un tel espace et il ne sera pas vide. Vous avez dit que vous possédiez un beau vaisseau ? Bien, car vous devrez voler loin des chasseurs TIE et d'autres vaisseaux concurrents.

Eh bien, regardez les choses en face : vous avez plus d'une façon de terminer une quête. Chaque transaction que vous effectuez, chaque arme que vous sortez va influencer la façon dont l'histoire se déroule dans cet endroit misérable. Allez-vous vous accrocher aux cartels, ou allez-vous voler tout le système et distancer les prédateurs par la suite ?

Alors serez-vous prêt à vous rendre dans la galaxie dans le but de verrouiller l'empire, de vaincre les cartels impitoyables et peut-être d'obtenir suffisamment de crédits pour profiter d'une retraite paisible sur une planète de vacances ? Alors c'est votre jour de chance, mon ami. Ce guide vous préparera à devenir probablement le plus grand criminel de cette partie de l'univers, le Kessel Run.

Allons-y!

Présentation de Star Wars Outlaws

Tous les jeux vidéo Star Wars nous ont donné l'occasion de montrer nos talents au sabre laser et nos capacités dans la Force. Cependant, Star Wars Outlaws entre dans la cantina avec une démarche agressive, se faufile dans une cabine avec son étui défait et affirme que rien ne vaut un blaster fiable à ses côtés. Ce jeu d'action en monde ouvert – ou plutôt en mondes ouverts – propose un niveau de fusillades et de promesses non tenues à la hauteur de la légende du meilleur ami de Chewbacca. Cependant, Star Wars Outlaws offre effectivement une expérience de type Han Solo dans les bons comme dans les mauvais sens ; il a une apparence attrayante et un fort sentiment d'aventure, mais il est également assez brut sur les bords et a tendance à vous décevoir de temps en temps.

Étant donné que son intrigue de western spatial endiablé se déroule entre L'Empire contre-attaque et Le Retour du Jedi – l'apogée du pouvoir impérial – le véritable Han Solo est littéralement sur la glace pendant toute la durée des Outlaws. Au lieu de cela, nous enfilons les bottes spatiales en lambeaux de Kay Vass, une voleuse astucieuse élevée parmi les colonies de saleté et de méchanceté de la capitale du jeu de Canto Bight. Elle a rapidement prouvé qu'elle était douée avec un crochet à épingle à cheveux et qu'elle avait une soif vorace de remises à cinq doigts, mais comme Dash Rendar et le pré-Jedi Kyle Katarn avant elle, elle ne sort jamais vraiment de l'ombre de Han et devient plus qu'une contrebandière de substitution avec un cœur d'or.

Il y a plusieurs changements importants ici. Par exemple, vous n'êtes pas seul - vous avez votre fidèle animal de compagnie, Nix, qui peut être déployé pour distraire les gardes, acquérir des biens essentiels ou se faufiler dans de petites zones pour ouvrir des portes. Nix n'est pas simplement là pour son utilité ; le lien apporte une dimension émotionnelle à l'existence par ailleurs isolée de Kay. Mais au-delà de cela, le jeu est fermement ancré dans la légende de Star Wars. Les sites que vous explorez ne sont pas de simples bâtiments génériques : ce sont des stations de recherche impériales aux détails saisissants, des vaisseaux républicains détruits et des forteresses hutt sales, toutes remplies de détails visuels et narratifs uniques que les fans de la trilogie originale apprécieront.

Les planètes que vous explorez ne sont pas d'énormes univers ouverts. La plupart comportent une grande ville et quelques kilomètres carrés de paysage environnant. Mais c'est tant mieux, car il reste encore beaucoup à découvrir, des trésors des Hutts enfouis dans les vallées de Tatooine aux camps de pirates dans les jungles marécageuses d'Akiva. Cependant, tout n'est pas parfait : la moto speeder, par exemple, est délicate à conduire, comme tenter de négocier un terrain inconnu sur une vieille Honda 125 maladroite. Les pièces de vol spatial présentent également des problèmes importants. Elles pourraient vous rappeler No Man's Sky, avec des orbites planétaires encombrées de vaisseaux abandonnés, de chasseurs TIE et de pirates. Vous pouvez aider des navires en difficulté ou vous lancer dans des missions de transport de marchandises, mais les mécanismes de vol ne sont pas à la hauteur des jeux de combat spatial originaux de LucasArts.

Même ainsi, le récit d'Outlaws est un voyage constamment fascinant qui transporte Kay dans des lieux familiers, notamment les donjons remarquablement reconstruits sous le palais de Jabba sur Tatooine, et dans de nouveaux lieux, comme l'épave massive du croiseur de la Haute République sur Toshara, tout en concluant des accords avec d'innombrables criminels hauts en couleur, dont le mafieux renfrogné Sullustan sur Akiva qui a l'audace de vous donner des ordres tout en posant ses pieds sur un bureau fabriqué à partir de son propre frère recouvert de carbonite.

Bien que Solo: A Star Wars Story, sorti en 2018, ait emprunté un chemin similaire sur grand écran avec un effet décevant, l'histoire criminelle d'Outlaws semble être quelque chose de nouveau - du moins en termes de jeux - car elle est presque entièrement éloignée des batailles divines entre les détenteurs de la Force de la lumière et de l'obscurité, et les motivations lucratives de Kay signifient qu'elle n'est principalement adjacente qu'au conflit entre les Rebelles et l'Empire d'Andor. Au lieu de cela, il s'agit d'une simple intrigue de braquage se déroulant dans le magnifique cadre fantastique de science-fiction avec lequel tant d'entre nous ont grandi et qu'ils apprécient, et elle est reproduite ici aussi soigneusement qu'elle ne l'a jamais été dans un jeu. Outlaws rappelle une escroquerie de Guy Ritchie, et à la fin, j'avais vu tellement de croisements et de doubles croisements surprenants qui choqueraient n'importe qui, et la transformation de Kay d'escroc égoïste en camarade sympathique est complète.

Bien que son objectif ultime soit bien plus limité que, par exemple, le déclenchement d'une Étoile de la Mort, les décors dans lesquels se déroule l'histoire captivante de Kay sont incroyablement vastes. Pour être clair, ce n'est pas No Man's Skywalker ni même Starfield Wars, donc vous n'êtes pas libre de faire le tour de n'importe quelle planète et d'atterrir où vous le souhaitez. Des célèbres sables arides de Tatooine (rudes, ils pénètrent partout) à la forêt tropicale luxuriante d'Akiva, dont le réseau de rivières se transforme facilement en autoroutes raccourcies une fois que vous avez débloqué l'amélioration de votre speeder bike qui lui permet de survoler la surface de l'eau, les bacs à sable d'Outlaws s'étendent loin et largement et contrastent joliment les uns avec les autres, à l'exception du cadre urbain plutôt plus compact de Kijimi.

Étant donné que le seul véhicule de Kay qu'elle peut conduire sur chaque terrain est son speeder, c'est aussi une bonne chose qu'il puisse être amélioré avec d'autres fonctionnalités telles que la possibilité de faire des bunny hops. Bien que vous puissiez voir des landspeeders filer à toute allure, des dewbacks sellés se trémousser et de grands AT-ST se promener dans les différentes villes animées d'Outlaws, vous ne pouvez pas vraiment les conduire ou les piloter. Outlaws est plus petit que Luke Skywalker dans un costume de Stormtrooper en termes de liste de types de transport utilisables.

Caractéristiques principales de Star Wars Outlaws
Système de recherche impérial

Ah, le système de recherche impérial - maintenant, on en parle ! C'est là que Star Wars Outlaws fait monter la température. Laissez-moi vous l'expliquer d'une manière qui fera battre le cœur de votre contrebandier :

Disons que vous commettez un vol dans un avant-poste impérial, en vous sentant comme l'opérateur le plus habile de la galaxie. Mais oups, vous avez un peu trop la gâchette facile. Soudain, vous n'êtes plus simplement un scélérat sans visage. Vous êtes l'ennemi public numéro un dans les livres de l'Empire.

Ce système est comme si les niveaux de recherche de GTA avaient un bébé avec Star Wars, et c'est un beau chaos. Voici comment cela se déroule :

Des manigances de bas niveau pourraient vous valoir quelques Stormtroopers de base sur vos traces. NBD, n'est-ce pas ? Mais continuez à pousser votre chance, et les choses dégénèrent plus vite qu'une course de pods.

Avant même de vous en rendre compte, vous évitez les Stormtroopers experts, puis les effrayants Death Troopers commencent à arriver. Et si vous énervez vraiment l'Empire ? Préparez-vous à affronter des AT-ST qui vous piétinent. C'est comme un jeu de chat mortel, sauf qu'il y a des blasters et des marcheurs.

Mais voici le hic : ce n'est pas seulement sur la planète. Oh non, votre terrible réputation vous suit dans les cieux. Vous causez des difficultés à votre vaisseau ? Méfiez-vous des vaisseaux impériaux de plus en plus agressifs qui vous traquent.

Maintenant, ne paniquez pas. Vous avez des alternatives. Peut-être que vous les déjouerez en découvrant une cachette dans un spatioport encombré. Ou peut-être que vous les dépasserez, poussant votre vaisseau spatial à la limite alors que vous plongez dans un champ d'astéroïdes dans lequel ils n'oseraient pas vous poursuivre.

La beauté de cette approche est qu'elle vous tient en haleine. Chaque travail, chaque fraude, chaque acte de malveillance - vous devez évaluer le gain par rapport à la chaleur qu'il apportera. Cela ajoute un élément de tension agréable à tout ce que vous faites.

Système de réplication du syndicat du crime :

Très bien, parlons de ce système de réputation du syndicat du crime dans Star Wars Outlaws. C'est très cool : vous avez cinq syndicats et vous pouvez influencer votre statut avec quatre d'entre eux. Cette fonction ajoute un peu de saveur à vos voyages interstellaires sans changer entièrement le récit principal.

Voilà le problème : blottissez-vous contre un syndicat et vous trouverez son territoire beaucoup plus hospitalier. Nous parlons de prix, de délicieuses améliorations d'équipement et d'économies qui feront chanter votre carte de crédit. Mais détruire vos ponts ? Vous pourriez vous retrouver à vous précipiter pour vous mettre à l'abri dès que vous mettrez les pieds dans leur zone.

Cela devient encore plus fascinant. Si vous épuisez suffisamment votre réputation, vous pourriez avoir des voyous du syndicat qui vous poursuivront à travers la galaxie. C'est comme avoir un panneau perpétuel « Kick Me », mais avec plus de blasters engagés. Ce qui est étonnant, c'est que ce mécanisme rend le périple de chaque joueur dans le monde souterrain unique. Vos décisions affectent votre expérience, créant votre propre réseau unique d'amis et d'adversaires.

Nix a beaucoup à offrir :

L'un des grands atouts de Star Wars Outlaws est le rôle de Nix, l'ami de Kay Vess. Si vous avez regardé l'une des vidéos de gameplay publiées par Ubisoft, vous avez certainement remarqué à quel point Nix est crucial pour toute l'expérience. Il n'est pas simplement là pour vous tenir compagnie : Nix joue un rôle essentiel dans le gameplay. Il peut distraire les ennemis, appuyer sur des boutons éloignés pour activer des systèmes et même acquérir de nouvelles armes que Kay peut utiliser momentanément.

Nix semble en fait être un élément fondamental de l'action, semblable à BD-1 dans Star Wars Jedi: Survivor et Fallen Order. Mais dans ce jeu, il semble être beaucoup plus investi dans ce que vous faites. C'est une excellente dynamique qui ajoute une stratégie supplémentaire à la façon dont vous abordez divers obstacles.

Système de compétences basé sur les experts de Star Wars Outlaws :

Le système de compétences basé sur les experts de Star Wars Outlaws introduit une nouvelle méthode de progression des personnages. Plutôt que d'utiliser un arbre de compétences conventionnel, les joueurs améliorent les compétences de Kay via des conversations avec différents spécialistes situés dans la galaxie.

Ces spécialistes, qui sont probablement au nombre de cinq à dix, ont des domaines de spécialisation distincts. En accomplissant des tâches pour eux ou en gagnant leur confiance, Kay peut acquérir de nouveaux pouvoirs et obtenir des améliorations qui améliorent ses forces de certaines manières.

Un spécialiste Jawa, par exemple, se spécialise dans les améliorations de vaisseaux. Lorsque vous effectuez des tâches pour ce charognard féru de technologie, vous pouvez obtenir des modifications supplémentaires du Trailblazer, comme la tourelle laser que Kay a obtenue en trouvant une dent de sarlacc lors d'une des missions du jeu.

Un shérif tireur Tinegian est un autre spécialiste. Kay peut devenir plus compétente avec son pistolet blaster en s'entraînant avec elle, améliorant ainsi ses compétences de combat. L'avancement des compétences est amélioré par cette méthode par une couche d'histoire et de contexte. Plutôt que de simplement choisir des améliorations dans un menu, les joueurs interagissent avec des personnes dynamiques et accomplissent des activités significatives qui s'intègrent dans l'univers du jeu. Il s'agit d'une méthode plus complexe de développement des compétences de Kay, car elle relie sa croissance à ses rencontres et à ses relations dans le monde souterrain.

Cette approche favorise l'exploration et l'interaction avec les personnages du jeu en plus de rendre l'avancement des compétences plus fascinant.

C'est une approche créative des éléments de RPG qui se marie bien avec l'accent mis par le jeu sur le milieu criminel et l'évolution de Kay en tant que scélérat qui acquiert des compétences.

Star Wars Outlaws offre aux joueurs trois façons différentes de se battre :

à pied, sur des motos rapides et dans l'espace avec le vaisseau spatial Trailblazer. Cela permet une expérience de jeu flexible et engageante. Ce style de jeu à multiples facettes est une caractéristique remarquable car il offre aux joueurs toute l'expérience Star Wars qu'ils attendaient dans un jeu solo. Les joueurs n'ont pas été autorisés à basculer entre le combat terrestre et spatial dans un conte Star Wars canon depuis la campagne de Star Wars Battlefront 2.

Outlaws offre une expérience Star Wars plus complète que Jedi :

Fallen Order et Survivor, qui se concentraient principalement sur des aventures terrestres, ou Star Wars : Squadrons, qui se limitait à la guerre spatiale. Les joueurs ont accès à toute la gamme d'action du monde de Star Wars, y compris des combats aériens furieux dans les profondeurs de l'espace, des poursuites rapides sur des motos speeder et des escarmouches au blaster dans des spatioports encombrés.

Les joueurs peuvent complètement incarner un scélérat galactique grâce à la variation du gameplay qui non seulement améliore l'immersion mais donne également de la complexité au jeu. Le jeu promet une variété et une exaltantes d'action Star Wars, que vous déjouiez les plans des vaisseaux impériaux dans le Trailblazer, que vous traversiez le territoire ennemi à pied ou que vous couriez entre les obstacles sur un speeder bike.

Ces cinq éléments essentiels - le monde ouvert, le système de recherche de l'Empire, le système de réputation du syndicat du crime, la progression des compétences basée sur les experts et le combat multi-mode - sont ce qui distingue vraiment Star Wars Outlaws des autres jeux de la franchise, même s'il y a sans aucun doute d'autres fonctionnalités à découvrir.

Cadre, chronologie et synopsis de l'histoire

Dans le canon Star Wars, Star Wars Outlaws se déroule dans une année cruciale qui se situe entre « L'Empire contre-attaque » (3 ap.BY) et « Le retour du Jedi » (4 ap.BY). Cela place le jeu au plus fort de la guerre civile galactique, une période qui offre de nombreuses opportunités pour ceux qui travaillent dans l'ombre de la galaxie ainsi que des conflits et des intrigues.

Le jeu se déroule dans la galaxie Star Wars, couvrant de nombreuses planètes et lieux. Les joueurs peuvent s'attendre à explorer une variété de décors, y compris des spatioports bourdonnants et des avant-postes isolés. La galaxie dans laquelle la Rébellion lutte activement contre le règne impitoyable de l'Empire se reflète dans le décor. Pendant ce temps, des organisations criminelles qui s'attaquent au désordre, comme le Pike Syndicate, opèrent dans l'ombre.

Calendrier Contexte : Selon le canon Star Wars, un certain nombre d'événements importants ont lieu cette année. Il s'agit notamment de :
1. Le voyage de Dark Vador vers la tombe de Padmé afin d'en apprendre davantage sur l'histoire de Luke
2. Luke, Leia et Lando organisent le sauvetage de Han Solo
3. Maz Kanata aide Leia à obtenir son déguisement de chasseuse de primes
4. L'objectif des espions Bothan d'obtenir les plans de l'Étoile de la Mort II

Synopsis de l'histoire

L'intrigue principale de Star Wars Outlaws se concentre sur les aventures de la protagoniste Kay Vess dans le monde criminel, en particulier lorsqu'il s'agit de faire de la contrebande d'épices et de traiter avec des syndicats comme le Pike Syndicate.

L'intrigue principale se concentre sur les tentatives de Kay de se faire un nom dans le monde souterrain de la galaxie en trouvant un emploi, en réparant les clôtures avec différents groupes et en naviguant dans le système politique alambiqué d'une galaxie déchirée par la guerre.

Le scénario du jeu offre une chance unique d'enquêter sur le monde de Star Wars du point de vue d'individus déchirés entre les principaux groupes de la guerre civile galactique. Il est possible que les joueurs puissent avoir un impact sur les événements qui précèdent le « Retour du Jedi », ou du moins les voir sous un angle différent.

La conception en monde ouvert du jeu implique que les joueurs auront une grande flexibilité dans la façon dont ils choisissent de raconter l'histoire et de se placer dans la galaxie. Le jeu vise à offrir une grande variété d'expériences qui représentent l'environnement politique et social complexe de l'univers Star Wars à cette époque charnière, que le joueur choisisse de se ranger du côté de la Rébellion, de travailler avec l'Empire ou simplement de rechercher un gain personnel en tant que parti neutre.

Options de personnalisation

Avec autant de choix de personnalisation disponibles dans Star Wars Outlaws, vous pouvez personnaliser non seulement le personnage principal, Kay Vess, mais aussi son vaisseau, son speeder bike et son équipement. Examinons les options de personnalisation et leur impact sur le gameplay.

Tenues personnalisées

Ce n'est pas seulement pour le spectacle ; les vêtements de Kay Vess offrent des avantages de jeu. Son étui, son jean et son torse auront tous des emplacements pour équipement, et votre gameplay peut être affecté par ce que vous portez. Par exemple, certains vêtements peuvent améliorer votre capacité à vous faufiler, vous rendre plus efficace au combat ou améliorer d'autres aspects de vous-même. De plus, le jeu dispose d'un outil de transmogrification qui vous permet de combiner votre apparence préférée avec les améliorations de gameplay nécessaires. Vous pouvez ainsi mélanger et assortir pour avoir le meilleur des deux mondes si vous avez besoin des avantages d'une tenue mais préférez son apparence. C'est un ajout fantastique, en particulier pour les joueurs qui aiment avoir un avatar visuellement attrayant sans compromettre le gameplay.

Personnalisation du navire et des speeders

Le speeder bike et le navire de Kay sont également modifiables, mais on ne sait pas encore dans quelle mesure ils peuvent être modifiés. Différents skins décoratifs pour le navire et le speeder ont été révélés par Ubisoft. L'un de ces skins est le Kessel Runner Bonus Pack, qui donne à votre navire et à votre speeder une apparence similaire au Millennium Falcon. Pour recréer ces éléments classiques de Star Wars, le speeder, par exemple, peut être personnalisé avec les dés de Han Solo suspendus au guidon et une planche Dejarik à l'arrière.

Bien que ces ajustements semblent être principalement esthétiques, il est possible qu'ils puissent également améliorer des éléments de gameplay comme la vitesse, la qualité du bouclier ou la capacité. Jusqu'à présent, Ubisoft s'est surtout concentré sur l'aspect visuel des choses, ce qui implique que même si ces choix de personnalisation rendront vos voitures superbes, ils n'auront peut-être pas un grand impact sur le gameplay.

Personnalisation de Nix

Il est intéressant de noter que Nix, le compagnon de Kay, semble également personnalisable. Nix est vu portant divers accessoires dans quelques-uns des packs DLC, comme une bandoulière ressemblant à Chewbacca de L'Empire contre-attaque ou le couvre-chef de Lobot. En vous permettant d'afficher votre style même via Nix, ces ajustements apportent non seulement au jeu une touche amusante et fantaisiste, mais aussi une profondeur d'individualité supplémentaire.

Personnalisations pour les DLC

Enfin, le jeu comprend un certain nombre de bonus de précommande et de packs DLC qui offrent des choix de personnalisation supplémentaires. Par exemple, le pack bonus Kessel Runner est livré avec des skins uniques pour le speeder et le vaisseau qui sont façonnés d'après des objets reconnaissables de Star Wars, tels que le Millennium Falcon. De plus, Nix reçoit un ensemble de lunettes de Baze Malbus du pack Rogue Infiltrator, tandis que Kay reçoit une veste évoquant celle de Jyn Erso de Rogue One. Le soin avec lequel Ubisoft a élaboré chaque choix cosmétique pour plaire aux passionnés de la franchise est évident dans ces packs.

Tout bien considéré, il semble que les fonctionnalités de personnalisation de Star Wars Outlaws soient destinées à vous permettre de personnaliser l'apparence et l'équipement de Kay tout en conservant une expérience de jeu agréable et captivante. Le jeu vous offre une variété d'options pour personnaliser votre expérience, que vos priorités soient les améliorations de gameplay, l'attrait visuel ou simplement une petite touche Star Wars.

Principes de base du jeu

Commandes et interface de base

Le jeu « Star Wars Outlaws » propose un certain nombre d'options et de commandes différentes qui vous permettent de personnaliser votre expérience de jeu en fonction de vos goûts. Afin de vous assurer de tirer le meilleur parti de votre aventure, voici une explication des commandes fondamentales et des choix d'interface inclus dans le jeu.

Le processus d'accès au menu Paramètres
En cliquant simplement sur le bouton Pause, vous pourrez accéder au menu Paramètres. Il s'agit souvent de la touche Échap sur PC, du bouton Démarrer sur PlayStation ou du bouton Menu sur Xbox. Après avoir accédé au menu Paramètres, vous verrez un certain nombre de catégories différentes que vous pouvez modifier. Ces catégories incluent le jeu, les commandes, la vidéo, les graphiques, l'interface utilisateur (IU), la langue et les sous-titres et l'audio. De plus, vous avez la possibilité de personnaliser les préréglages d'accessibilité, ce qui vous permet d'effectuer des modifications de groupe des paramètres en fonction de vos besoins.

Ces options déterminent la manière dont le jeu se joue et s'affiche, vous permettant de modifier de nombreuses fonctionnalités pour répondre à votre expérience préférée.

Le paramètre Pause hors focus est le seul choix ici, en particulier pour les utilisateurs de PC. Lorsque cette option est activée, le jeu sera automatiquement mis en pause si la fenêtre en question n'est pas la fenêtre actuelle. Il est recommandé de garder cette option activée, mais c'est une question de goût personnel.

Combat :
Ici, vous pouvez affiner la difficulté du jeu à l'aide de paramètres tels que la difficulté de l'ennemi, la santé du joueur, la difficulté recherchée et le refroidissement automatique. Chaque option de difficulté comprend quatre niveaux : Histoire, Normal, Difficile et Difficile. Pour une expérience équilibrée, le niveau Normal est un excellent point de départ. Les options de difficulté déterminent la férocité des adversaires, votre niveau de santé, la difficulté d'esquiver l'Empire lorsque vous êtes recherché et si vous devez chronométrer la recharge active de votre blaster.

Mouvement :
Cette catégorie comprend les options « Toujours sprinter » et « Protection contre les chutes ». « Always Sprint » fait du sprint l'action par défaut, bien qu'elle soit plus adaptée aux contrôleurs et non aux configurations clavier et souris. « Fall Protection » est efficace pour éviter les chutes involontaires en limitant les mouvements de Kay près des bords dangereux. Il est suggéré de garder « Fall Protection » activé pour minimiser les décès insensés.

Visuel :

Les options visuelles incluent le mode Explorateur, l'intensité des tremblements de l'écran, l'angle de vue (champ de vision) et le champ de vision visé. Le mode Explorateur met l'accent sur l'interaction des objets avec des indices visuels subtils, ce qui est bénéfique pour la navigation, il est donc suggéré de le garder activé. L'intensité des tremblements de l'écran est personnalisable en fonction de votre niveau de confort. L'option Champ de vision (FOV) influence la quantité du monde que vous voyez à la fois, avec une valeur recommandée de 105 pour une vue équilibrée qui ne nuit pas aux performances.

Champ de vision de visée :

L'option Champ de vision de visée (FOV) est comparable au champ de vision normal, mais modifie particulièrement votre perspective lorsque vous visez votre arme. Cette valeur peut varier de 65 à 105. L'option par défaut de 65 est suggérée car elle offre une perspective concentrée, vous permettant de tirer plus efficacement sans surcharger votre vision périphérique. Cependant, si vous aimez avoir une vision plus large lors de la prise de vue, vous pouvez l'augmenter plus haut, mais sachez que cela peut rendre difficile la concentration sur les objets éloignés.

Paramètres des mini-jeux

Les mini-jeux de Star Wars Outlaws offrent de nombreuses façons de s'engager dans l'univers, et le menu Paramètres vous permet de modifier la complexité et la présentation visuelle de ces activités en fonction de vos goûts.

Paramètres de Kessel Sabacc

En-têtes de cartes :
Vous pouvez choisir entre trois styles de chiffres pour les en-têtes de cartes dans Kessel Sabacc. Le paramètre par défaut est généralement le plus convivial, et il est conseillé d'éviter l'option Symboles, car elle peut rendre les chiffres plus gros plus difficiles à lire rapidement.

Mode rapide :
Cette option accélère le tour de l'adversaire, ce qui rend le jeu plus rapide mais peut-être plus difficile à comprendre. Il est normalement conseillé de désactiver cette option, sauf si vous préférez un jeu plus rapide.

Journaux d'aide :
Cette option active les symboles qui représentent les activités tout au long du jeu, qui disparaissent après le tour du joueur. Il est conseillé de désactiver cette option, sauf si vous avez du mal à surveiller les activités du jeu.

Mini-jeu de triche :
Cette option active ou désactive le mini-jeu de triche dans Kessel Sabacc, qui comprend des entrées chronométrées. Si vous avez des difficultés avec les activités chronométrées, la désactivation de cette option peut rendre le jeu plus clair.

Paramètres de crochetage

Défi rythmique : cette option nécessite de synchroniser les entrées avec un rythme lors de l'utilisation d'un pic de données. Elle peut être supprimée pour faciliter la procédure de crochetage, mais la garder activée offre un défi convaincant aux personnes qui préfèrent les jeux rythmiques.

Difficulté de crochetage : ajuste la précision requise pour un crochetage efficace. À mesure que la complexité augmente, la fenêtre de temps pour les entrées diminue, offrant un certain degré de défi.

Paramètres de découpage

Puzzle de découpage : cela active le mini-jeu de puzzle de découpage, qui s'apparente à des jeux comme Mastermind ou Wordle. Il s'agit d'un puzzle numérique ou basé sur des motifs qui peut être désactivé si vous choisissez de ne pas participer à ce composant du jeu.

Tentatives de découpage : vous permet de spécifier le nombre de suppositions autorisées pour résoudre un problème de découpage, avec des choix pour Moins, Régulier ou Plus de tentatives. Régulier est le paramètre recommandé pour une expérience équilibrée.

Boutons numérotés : cela remplace les boutons à motifs par des boutons numérotés, ce qui simplifie peut-être le mini-jeu pour les personnes qui préfèrent les signaux numériques.

Galactic Street Food - Street Food Challenge : cette option active ou désactive le mini-jeu Galactic Street Food. Il est conseillé de l'activer pour profiter pleinement du jeu, car il offre un défi amusant et unique.

Street Food Difficulty : ajuste le temps nécessaire pour terminer le mini-jeu de street food, vous permettant de le personnaliser selon votre propre degré de complexité.

Paramètres Fast-Talk

Fast-Talk Ability :
Cette option active ou désactive la compétence Fast-Talk de Kay, qui devient accessible plus tard dans le jeu. Pour un jeu optimal, il est suggéré de garder cette option activée.

Timed Challenge :
Comme d'autres actions chronométrées, cette option ajoute une restriction de temps aux instances Fast-Talk. Il est conseillé de laisser cette option activée, sauf si vous trouvez les séquences chronométrées gênantes.

Nix Prompts :
Cette option vous permet d'activer ou de désactiver des entrées supplémentaires pour les activités de Nix. Il est généralement conseillé de garder cette option activée, car elle permet des alternatives plus interactives et stratégiques tout au long du jeu.

Paramètres de difficulté spatiale

Les paramètres de difficulté spatiale dans Star Wars Outlaws permettent d'affiner votre expérience lors des rencontres spatiales. Ces choix vous permettent de modifier la difficulté du combat spatial et de la navigation, vous donnant le contrôle sur différents éléments des performances et de la durabilité de votre vaisseau spatial.

Prévention des dommages par collision :
Ce paramètre détermine si votre vaisseau spatial subira des dommages lorsqu'il heurtera des objets. Si vous avez de l'expérience en vol et que vous souhaitez une expérience plus réaliste, vous pouvez désactiver cette option. Cependant, si vous trouvez la navigation du vaisseau spatial problématique, activer la fonction peut minimiser les dommages inutiles, vous permettant de vous concentrer davantage sur la bataille et moins sur l'évitement des obstacles.

Prévention des étourdissements ioniques :
Ce paramètre autorise ou interdit que votre vaisseau spatial soit étourdi par des dégâts ioniques. Il est

conseillé de désactiver cette option, sauf si vous souhaitez une expérience moins exigeante, car les étourdissements ioniques peuvent constituer un obstacle important lors de combats spatiaux intenses.

Accélérateur automatique en mode poursuite :
Cette fonction modifie automatiquement la vitesse de votre vaisseau spatial pendant le mode poursuite pour maintenir une distance idéale par rapport à votre cible. Cela peut être particulièrement utile dans les poursuites à grande vitesse, lorsqu'il est important de maintenir une distance appropriée. Il est généralement recommandé de laisser cette fonction activée, sauf si vous souhaitez un contrôle manuel complet de votre vitesse pendant les poursuites.

Paramètres des commandes

Les paramètres des commandes offrent un certain nombre de choix de personnalisation pour les commandes de base et complexes, vous permettant de personnaliser la réactivité du jeu en fonction de votre style de jeu unique.

Commandes générales
Aide à la visée : ce paramètre active ou désactive l'aide à la visée pour les contrôleurs, ce qui simplifie le ciblage des ennemis, en particulier lors de combats rapides. Il est conseillé de laisser cette option activée pour une visée plus fluide avec un contrôleur.

Activer/désactiver le sprint :
ce paramètre spécifie si le sprint est lancé en maintenant un bouton enfoncé ou en le basculant d'une simple pression. Pour plus de commodité d'utilisation, il est conseillé de laisser cette option activée, il vous suffit donc de cliquer une fois sur le bouton pour commencer à sprinter.

Commandes avancées
Visée, tir au jugé et sensibilité du regard : ces paramètres contrôlent la rapidité avec laquelle vous pouvez regarder autour de vous pendant que vous tirez ou vous déplacez. La sensibilité varie de 1 à 10, et bien que les paramètres par défaut soient bien équilibrés, vous pouvez les affiner selon vos préférences en fonction de la vitesse de déplacement et de ciblage souhaitée.

Sensibilité du contrôleur de speeder :
Cela détermine la sensibilité de vos commandes lorsque vous pilotez un speeder, avec une sensibilité allant de 1 à 5. Le paramètre par défaut est généralement approprié, mais vous pouvez le modifier si vous trouvez votre speeder trop lent ou trop sensible.

Aligner avec l'horizon :
Cette option réaligne automatiquement la caméra sur l'horizon si vous ne bougez pas la caméra pendant quelques secondes, offrant une perspective stable.

Aligner avec la direction du mouvement :
Cela fait automatiquement pivoter la caméra pour faire face à la direction dans laquelle Kay se déplace si la caméra n'a pas été réglée manuellement pendant quelques secondes. C'est une excellente fonctionnalité pour garder votre vision alignée avec votre mouvement.

Changer les actions de maintien en appui :
Cette option remplace les entrées de maintien par des actions de poussée, ce qui rend certaines commandes plus rapides et plus simples à exécuter. Cela peut être particulièrement pratique dans des circonstances de forte pression lorsque maintenir un bouton peut prendre trop de temps.

Paramètres du contrôleur

Intensité de déclenchement adaptatif : cette fonctionnalité vous permet de modifier la force des déclencheurs adaptatifs sur les contrôleurs, offrant une sensation tactile plus ou moins importante en fonction de votre désir.

Zones mortes :
Les zones mortes modifient la plage de mouvement requise pour que les joysticks de commande détectent une entrée. Les zones mortes intérieures déterminent la distance que le joystick doit parcourir pour commencer à compter comme une entrée, tandis que les zones mortes extérieures modifient la plage d'entrée

maximale. Un réglage précis de ces paramètres peut vous aider à obtenir un contrôle plus précis.

Paramètres du capteur de mouvement :
Si vous utilisez un contrôleur DualSense, cette option vous permet de modifier la sensibilité du capteur de mouvement utilisé pour la visée, ajoutant ainsi une couche de contrôle supplémentaire.

SwapPing et Nix Sense :
Étant donné que deux activités partagent une entrée, cette option vous permet de modifier l'action activée en appuyant ou en maintenant le bouton enfoncé, ce qui permet une plus grande polyvalence dans le jeu.

Paramètres de vibration :
Les paramètres de vibration vous permettent de personnaliser la quantité de vibration pour de nombreuses activités, y compris le jeu de base et les mini-jeux. L'augmentation de l'intensité des vibrations peut aider au timing dans les mini-jeux, offrant une meilleure entrée tactile pendant les périodes importantes.

Commandes du vaisseau spatial

Les commandes du vaisseau spatial sont essentielles pour naviguer dans les combats et les poursuites spatiales, et ces options vous permettent d'adapter votre schéma de contrôle pour votre confort et votre efficacité.

Aide à la visée du vaisseau spatial :
Cette option permet de basculer entre les modes de visée manuelle et de suivi de cible pendant les combats aériens. Elle est particulièrement pratique pour les utilisateurs de contrôleurs qui pourraient bénéficier d'une petite assistance à la visée automatique pendant les combats aériens.

Sensibilité du contrôleur du vaisseau spatial :
Cela modifie la sensibilité de vos commandes lorsque vous regardez et visez pendant que vous pilotez votre vaisseau spatial, avec une sensibilité allant de 1 à 5. Le paramètre par défaut est généralement optimal, mais vous pouvez le modifier pour l'adapter à votre style de vol.

Mode poursuite :
Cette fonction vous permet de choisir entre maintenir ou basculer un bouton pour le mode poursuite. Il est conseillé de régler cette fonction sur Basculer pour une activation plus simple pendant les poursuites.

Augmentation de vitesse :
Cette option vous permet de choisir entre maintenir ou basculer un bouton pour activer l'augmentation de vitesse. La bascule est souvent privilégiée, permettant une activation plus rapide sans avoir besoin d'appuyer sur un bouton.

Tir :
Semblable à l'augmentation de vitesse, cette fonctionnalité vous permet de choisir entre maintenir ou basculer le tir des armes de votre vaisseau. Il est recommandé de maintenir la touche pour un contrôle plus précis pendant les combats.

Alignement automatique de l'horizon du vaisseau :
Cette option réinitialise automatiquement la caméra pour qu'elle s'aligne sur l'horizon si elle n'a pas été modifiée manuellement pendant quelques secondes, offrant ainsi une perspective solide tout au long du vol.

Paramètres de la caméra et des véhicules

Dans Star Wars Outlaws, les options Caméra et Véhicule vous permettent d'affiner votre expérience de contrôle, notamment dans la façon dont vous manipulez la caméra et les véhicules comme le Speeder et le Starship.

Axe de contrôle inversé :
La plupart des options de cette catégorie concernent la question de savoir si vous souhaitez inverser l'axe de contrôle de la caméra, du Speeder et du Starship. L'inversion de l'axe affecte la direction dans laquelle la caméra ou le véhicule se déplace lorsque vous appuyez sur les commandes. Il s'agit d'une préférence personnelle : certains joueurs trouvent les commandes inversées plus intuitives, tandis que d'autres aiment les paramètres habituels.

Pilotage du Speeder à l'aide de la souris :
Cette fonction vous permet de choisir entre l'utilisation de la souris ou du clavier pour piloter le Speeder. Il est généralement conseillé de désactiver cette option et d'utiliser les commandes du clavier pour piloter, car cela permet un contrôle plus précis et plus facile du Speeder par rapport à l'utilisation de la souris.

Paramètres de la souris

Les paramètres de la souris permettent un contrôle approfondi du comportement de la souris pendant le jeu, notamment en termes de sensibilité et de fluidité des mouvements.

Sensibilité de la vue/visée :
Vous pouvez modifier la sensibilité de la souris pour voir et viser dans divers scénarios, par exemple si vous êtes au sol, sur un Speeder ou dans un vaisseau spatial. Le réglage précis de ces paramètres vous aide à sélectionner un niveau de sensibilité adapté à votre style de jeu, que vous préfériez les mouvements rapides ou une visée plus prudente et plus lente.

Force de lissage de la souris :
Cette option fonctionne comme une zone morte pour la souris, empêchant les mouvements mineurs et inattendus d'avoir un impact sur votre visée. Il est recommandé de conserver cette option à 0, car elle offre la plus grande précision de ciblage. Une force de lissage plus importante pourrait créer un léger retard ou un

effet d'amortissement, ce qui pourrait être problématique dans les paramètres rapides.

Accélération de la souris :
Lorsqu'elle est activée, l'accélération de la souris fait aller votre pointeur plus loin lorsque vous déplacez la souris rapidement. Cela peut être déconcertant pour le tir, car cela rend vos mouvements moins prévisibles. Pour plus de cohérence et de précision dans la visée, il est conseillé de maintenir cette option désactivée.

Paramètres généraux de l'interface

Les paramètres généraux de l'interface de Star Wars Outlaws vous permettent d'ajuster l'apparence et le fonctionnement de l'interface utilisateur (IU) du jeu. Ces options permettent de personnaliser le jeu selon vos goûts et vos besoins d'accessibilité.

Taille du texte de l'interface :
Ajuste la taille du texte dans l'interface utilisateur, sans modifier la taille des composants de l'interface eux-mêmes. Il est recommandé de définir cette taille sur votre taille préférée pour garantir la lecture.

Polices plus simples :
Remplace la police d'en-tête par défaut par une police plus fine. Il est probablement préférable de s'en tenir au choix par défaut, car il est plus grand et visuellement cohérent avec le reste de l'interface utilisateur.

Mettre les mots-clés en majuscules :
Met en évidence certains éléments, tels que les titres, en majuscules. Gardez cette option activée pour une apparence plus propre et plus soignée, car la désactiver peut rendre le texte inégal.

Préréglages pour daltoniens :
Vous permet de choisir un préréglage pour modifier les couleurs des icônes et des invites de menu pour l'accessibilité aux daltoniens. Il est préférable de choisir la configuration qui répond le mieux à vos besoins pour garantir que tous les composants du jeu sont distincts.

Couleurs à contraste augmenté :
Ajuste les composants de l'interface utilisateur pour qu'ils soient plus sombres et plus opaques (activé) ou les laisse plus clairs et semi-transparents (désactivé). Activez cette option si vous souhaitez une interface plus définie et plus facile à lire, désactivez-la pour une interface utilisateur plus claire et moins invasive.

Paramètres HUD (affichage tête haute)

Les paramètres HUD vous permettent de modifier la quantité d'informations affichées sur votre écran et la manière dont elles sont présentées.

Visibilité HUD :
Vous permet de choisir entre un HUD contextuel, minimal ou complet. - Recommandation : le contexte est

souvent la meilleure option, car il affiche uniquement les informations pertinentes pour votre situation actuelle.

Taille de l'icône HUD :
Augmente les icônes HUD jusqu'à 50 %, les rendant plus apparentes. Ajustez-les à votre niveau de confort, en particulier si vous trouvez les icônes par défaut trop petites.

Boussole du joueur :
Active ou désactive la boussole sur le HUD. Gardez cette option activée pour parcourir rapidement l'environnement de jeu.

Point central :
Active ou désactive un point central, qui aide à réduire le mal des transports et aide à viser. Vous pouvez également modifier sa taille. Activez cette option et ajustez la taille selon vos préférences, en particulier si vous souffrez du mal des transports.

Actions rapides Nix :
Indique les tâches que Nix peut exécuter et où, indiquées par une icône, un point ou masquées. Réglez cette option en fonction de votre désir d'aide visuelle pendant le jeu.

Marqueurs :
Contrôle si les marqueurs ne s'affichent que lorsqu'ils sont pingés ou toujours visibles. Choisissez en fonction

de la quantité d'informations que vous souhaitez afficher à tout moment.

Unité de distance :
Permet de choisir entre les unités métriques ou impériales pour afficher les distances. Métrique pour la précision, mais utilisez celle avec laquelle vous êtes le plus à l'aise.

Rappels de contrôle :
Détermine quand les rappels de contrôle sont présentés. Le paramètre par défaut est excellent, mais vous pouvez les changer en Toujours activé ou Toujours désactivé en fonction de votre confort avec les commandes.

Sens de la menace :
Fournit une indication visuelle des adversaires hors écran à proximité. Laissez cette option activée pour rester attentif aux risques qui vous entourent.

Icônes d'état ennemi :
Affiche la connaissance qu'a un ennemi de votre existence au-dessus de sa tête. Gardez cette option activée pour une meilleure planification stratégique tout au long des confrontations.

Paramètres de la carte et du menu

Ces options modifient le comportement de la carte et des menus du jeu, vous permettant d'explorer et d'interagir avec le jeu plus rapidement.

Faire pivoter la carte vers la vue du joueur : fait pivoter la carte pendant que vous marchez, en préservant votre direction actuelle en haut. Utilisez cette option si elle vous aide à naviguer plus naturellement.

Narration du menu :
Permet de créer et de modifier les paramètres de narration du menu pour l'accessibilité. Ajustez en fonction de vos besoins, en particulier si vous souhaitez une aide auditive via les options.

Conseils pour les débutants/guide de démarrage

Bienvenue dans le guide du débutant pour Star Wars Outlaws ! Je suis heureux de vous proposer mes expériences et mes réflexions pour vous aider à démarrer votre voyage dans la galaxie. Commençons par le début !

Sauvegardez manuellement votre progression dans le jeu

Tout d'abord, sauvegardez votre partie manuellement et régulièrement. J'ai découvert cela à mes dépens. Les sauvegardes automatiques sont fantastiques, mais elles peuvent être effacées si vous démarrez une nouvelle partie. Pour sécuriser votre travail, générez souvent vos propres fichiers de sauvegarde. Ces sauvegardes manuelles resteront intactes même si les sauvegardes automatiques sont écrasées.

Acquérir du butin

Maintenant, parlons du butin. Un élément curieux que j'ai appris est qu'une grande partie du trésor du jeu est randomisée. Cela ajoute un élément de surprise et de rejouabilité à vos voyages. Laissez-moi vous donner un exemple :

Au cours d'une de mes tâches, j'ai échoué et j'ai dû recommencer. Les deux fois, j'ai envoyé Nix chercher un objet sur la même étagère. La première fois, il a ramené un processeur heuristique. Lors de ma deuxième tentative, depuis exactement la même zone, il a renvoyé une unité de calcul 4xB — une découverte considérablement meilleure ! Ce caractère aléatoire s'applique à de nombreuses zones de trésors dans le jeu, mais je ne suis pas sûr qu'il s'étende également aux coffres.

Ce caractère aléatoire peut jouer en votre faveur. Si vous avez des difficultés avec un niveau spécifique, ne vous découragez pas. Chaque essai peut offrir un trésor différent, peut-être meilleur, qui pourrait vous donner l'avantage dont vous avez besoin pour réussir.

Maîtrise des armes

En matière de guerre, la maîtrise de votre armement est essentielle. Je vous proposerai quelques idées sur la façon d'utiliser votre blaster avec succès, mais n'oubliez pas : c'est en forgeant qu'on devient forgeron. Expérimentez différents modes et approches de tir pour voir ce qui fonctionne le mieux pour vous dans certains scénarios.

Pour les nouveaux joueurs, il existe plusieurs biens essentiels que vous voudrez obtenir dès le début. Ceux-ci peuvent augmenter considérablement vos pouvoirs et faciliter vos premières expériences. Je décrirai bientôt ces biens indispensables, alors gardez un œil dessus pendant que vous explorez.

Au fur et à mesure que vous progressez, vous découvrirez que Star Wars Outlaws a une courbe d'apprentissage élevée avec une pléthore de mécanismes à maîtriser. Ne vous laissez pas submerger - prenez votre temps pour explorer et expérimenter. Chaque nouvelle découverte ajoute à la profondeur de votre expérience.

J'ai trouvé plusieurs mécanismes essentiels qui peuvent vous aider à voyager dans la galaxie avec plus de succès dans Star Wars Outlaws. Passons à ces conseils avancés :

Restrictions de voyage rapide

Une chose importante que j'ai observée est les limites du transport rapide dans les régions restreintes. Lorsque vous remarquez le message « Zone restreinte », vous ne pourrez pas vous déplacer rapidement, même s'il n'y a pas d'adversaires à proximité. Cette limitation peut changer considérablement en fonction du scénario, mais c'est un critère continu à garder à l'esprit.

Pour récupérer la capacité de voyager rapidement, vous devez quitter physiquement la région restreinte. Cependant, j'ai découvert que ce n'est pas toujours immédiat. Parfois, même après la disparition du message « Zone restreinte », vous devrez peut-être aller un peu plus loin avant que l'option de voyage rapide ne redevienne accessible. Si vous pensez qu'il est cassé, continuez simplement à avancer un peu et vous devriez pouvoir continuer.

Mécanique du son

J'ai fait quelques découvertes intéressantes sur le fonctionnement du son dans ce jeu. Dans la plupart des cas, la détection du son par les PNJ est limitée. Vous pouvez produire une quantité assez importante de bruit sans alerter les adversaires, tant que vous êtes hors de leur champ de vision.

Par exemple, j'ai sauté d'une hauteur qui produirait vraiment beaucoup de bruit, mais les PNJ voisins n'ont pas réagi du tout. Il semble que la ligne de vue soit le principal déterminant de la détection, le son jouant un rôle considérablement moindre que vous ne le pensez.

Cependant, il existe une exception majeure : le sifflement. Cette action semble avoir une influence beaucoup plus importante sur la perception des PNJ, alors utilisez-la judicieusement.

Gestion des PNJ

J'ai trouvé un moyen puissant d'influencer le comportement des PNJ, ce qui peut être extrêmement bénéfique dans les environnements furtifs. Vous pouvez attirer les PNJ loin de leurs positions à une distance assez importante en éveillant momentanément leur attention.

Le but est de forcer le point d'interrogation à apparaître au-dessus de la tête d'un PNJ pendant seulement une fraction de seconde. Cela les incitera généralement à explorer, les éloignant de leur emplacement initial. J'ai utilisé avec succès cette stratégie pour dégager des routes et entrer dans des régions interdites.

La portée de détection semble être d'environ 20 à 25 mètres, mais elle peut varier en fonction du scénario. C'est une approche merveilleuse pour créer des ouvertures permettant de passer les gardes ou d'atteindre les marchands dans des endroits étroitement défendus.

Mécanique de ralentissement du temps

Lorsque vous êtes découvert et prêt à être arrêté, vous remarquerez que le temps ralentit. C'est un moment important. Si vous pouvez perdre la ligne de vue pendant ce temps de ralenti, vous pouvez souvent échapper à l'arrestation et continuer à jouer normalement. Cependant, si vous restez trop longtemps dans leur ligne de vue pendant ce ralenti, vous serez détecté.

Ces tactiques sophistiquées m'ont aidé à négocier des circonstances difficiles et atteignez des endroits qui semblaient inaccessibles à première vue. N'oubliez pas que c'est en forgeant qu'on devient forgeron. N'hésitez pas à explorer ces mécanismes pour découvrir des réponses inventives aux obstacles que vous rencontrerez dans Star Wars Outlaws.

Mécanique du sifflement

Comme je l'ai mentionné plus tôt, j'ai remarqué que le sifflement est une arme exceptionnellement bénéfique pour détourner les adversaires. Lorsque vous sifflez, cela attirera l'attention d'un PNJ à portée, le forçant à examiner l'endroit où vous avez sifflé. Cela peut être une technique formidable pour éloigner les gardes de leurs postes ou créer des opportunités de mouvements secrets.

Cependant, il est essentiel de se rappeler que le sifflement a un rayon restreint et n'aura d'impact qu'un seul PNJ à la fois. J'ai constaté que le PNJ rampera lentement jusqu'à l'emplacement du sifflet, alors soyez conscient de votre placement lorsque vous utilisez cette méthode.

Décharge d'arme comme distraction

Pour une distraction plus spectaculaire qui affecte de nombreux PNJ, j'ai observé que décharger votre arme peut être bénéfique. Cela attirera souvent plusieurs PNJ vers votre position. Bien que cela puisse fonctionner de manière similaire au sifflement en termes de diversion, c'est une technique risquée qui peut éventuellement vous causer des problèmes si elle n'est pas effectuée avec soin. J'ai dû danser entre les couvertures et rythmer mes mouvements avec précision tout en utilisant cette tactique, mais lorsqu'elle est accomplie efficacement, elle peut être une arme puissante pour manipuler les positions des adversaires.

Options d'après-jeu

Bien qu'il n'y ait pas d'option New Game Plus, j'ai remarqué que Star Wars Outlaws propose une structure créative pour les éléments d'après-jeu. Après avoir terminé l'intrigue principale, vous revenez pratiquement au point de départ, mais avec la liberté de continuer à explorer la galaxie et de terminer les quêtes et tâches secondaires restantes.

Cela donne une technique gratifiante pour obtenir 100 % d'achèvement sans avoir besoin de commencer une nouvelle partie. C'est une fonctionnalité que j'aurais aimé connaître dès le début, car elle affecte considérablement la façon dont vous pouvez aborder le contenu du jeu.

Mécanique d'arrestation

En développant le ralentissement temporel pendant la détection, j'ai déterminé que vous disposez d'une fenêtre d'environ 5 secondes pour perdre la ligne de vue et échapper à l'arrestation. Si vous restez visible trop longtemps pendant ce temps de ralenti, vous serez arrêté. Cependant, ce petit laps de temps permet des manœuvres astucieuses si vous pouvez rapidement vous échapper hors de vue.

Ces approches et idées sophistiquées ont considérablement amélioré ma capacité à traverser le monde complexe de Star Wars Outlaws. N'oubliez pas que la clé pour apprendre ces mécanismes est la répétition et l'expérimentation. N'ayez pas peur d'explorer de nouvelles techniques et de repousser les limites de ce qui est possible dans vos voyages cosmiques !

Niveaux de recherche

Le jeu propose six niveaux de recherche différents, chacun augmentant en gravité :

1. Infraction mineure : déclenchée par de petits délits comme le fait de heurter constamment des gardes.

2. Alerte accrue
3. Défense sérieuse
4. Alerte élevée
5. Danger extrême
6. Alerte maximale (chasse à l'homme)

La fonctionnalité la plus intéressante est le processus unique d'alerte maximale (niveau 6). À ce niveau, vous êtes guidé vers un endroit spécifique de la carte pour combattre avec les Death Troopers. Lorsque vous entrez dans leur rayon, ils appellent d'autres unités, vous permettant de vous concentrer sur ce groupe spécial.

Pour effacer votre nom au niveau d'alerte maximum :
Pour effacer un statut de recherche de niveau 6, vous devez :
Éliminer les Death Troopers
Éliminer leur chef ou leur officier
Prendre le contrôle de leur carte-clé
Charger la carte-clé dans l'ordinateur de leur tente
C'est un combat difficile, surtout au début du jeu, alors soyez prêt.

Conséquences d'une défaite :
Si vous êtes battu pendant un niveau de recherche, vous reviendrez généralement avec une amende. Au niveau 6, cette amende est d'environ 5 000 crédits. Il est important de noter que si vous manquez de crédits, vous ne vous endetterez pas, ils ne peuvent pas la rendre négative.

Méthodes pour effacer les niveaux de recherche (1 à 5) :

Effacer les niveaux de recherche (1 à 5) :

1. Piratage des terminaux impériaux :
Trouvés dans les bases ou avant-postes impériaux
Peut effacer votre statut de recherche et transférer des crédits
Fonctionne pour les niveaux 1 à 5, mais pas pour le niveau 6

Sur votre carte, recherchez les bâtiments avec une icône spécifique. Pour une identification plus facile, zoomez sur la carte pour voir l'icône du terminal impérial
Assurez-vous de choisir des emplacements avec des terminaux impériaux, en particulier sur le territoire de l'Empire Galactique, car toutes les bases n'en ont pas

2. Faire profil bas :
Ne fonctionne que pour les niveaux de recherche 1 à 5
Surveillez votre symbole de recherche : lorsqu'il tourne, cela signifie que vous êtes hors de vue
Le temps requis varie en fonction du niveau de recherche (par exemple, le niveau 3 prenait environ 2 à 3 minutes)
C'est la méthode la plus simple, mais elle peut prendre du temps

3. Soudoyer des officiers corrompus :
On le trouve dans la plupart des grandes villes
Peut effacer les niveaux de recherche jusqu'au niveau 5
Pas efficace pour le niveau 6

Niveaux de recherche dans l'espace : - Semble plafonner au niveau 5 (au moins sur l'orbite d'Ash) - Fonctionne de manière identique au système terrestre - Les terminaux impériaux sont accessibles pour effacer les niveaux souhaités

Pour supprimer le niveau souhaité de l'espace :
Localisez un terminal impérial sur votre carte.
Allez jusqu'au terminal

Appuyez et maintenez « E » pour rendre visible l'état souhaité.

Niveau 6 de recherche (Chasse à l'homme) :
Ne peut pas être éliminé via des terminaux, en faisant profil bas ou en soudoyant des officiers
Nécessite d'interagir avec les Death Troopers à un endroit spécifique
Conseils supplémentaires :
Lorsque vous piratez des terminaux, essayez toujours d'éliminer votre statut de recherche et de transférer des crédits si possible
Pour une gestion efficace du niveau de recherche, familiarisez-vous avec les emplacements des terminaux sur chaque planète
Parfois, il peut être plus rapide de trouver un terminal que d'attendre un niveau de recherche plus élevé

Niveau 6 de recherche dans l'espace :
Deux alternatives s'offrent à vous : - Aucun terminal n'est affiché à ce niveau - Une marque radar de corvette impériale s'affiche
Procédez côté planète (le niveau souhaité persiste).
Démarrez la Chevrolet : Éloignez-vous le plus possible des attaquants - Sautez vers un autre système (cela efface le niveau souhaité) - Détruisez son contrôle de cible pour l'empêcher de sauter avec vous

Utilisation des crédits avec le système de recherche :

Atteindre le niveau souhaité 5 avant de l'éliminer dans un terminal peut être utile. Cette approche optimise les avantages des crédits.

À titre d'illustration, récupérez des crédits (huit mille dans cet exemple), découpez le terminal, effacez le niveau souhaité et effacez le nom au niveau 2 requis. Vous devrez peut-être quitter la planète et revenir pour répéter cette procédure. - La sauvegarde et le rechargement ne semblent pas réinitialiser correctement les prix.

Conseils supplémentaires :
Payer des frais après avoir été attrapé dans une ville est une méthode simple pour terminer le niveau souhaité.
Officiers impériaux corrompus (désignés par une étoile ou un « F » ' sur la carte) peuvent atteindre les niveaux de recherche jusqu'à 5, mais ils sont généralement situés dans les villes, ce qui les rend moins accessibles lorsque vous êtes recherché. - La récompense pour avoir atteint votre niveau de recherche peut augmenter en fonction de la durée pendant laquelle vous l'avez atteint. - Mourir entraîne également une amende et efface votre niveau de recherche.
Une stratégie rentable peut consister à évaluer le risque de niveaux de recherche plus élevés par rapport aux récompenses de crédit potentielles. - Évitez d'atteindre le niveau de recherche 6 à moins que vous ne soyez prêt pour une confrontation sérieuse. - Dans certaines situations, il peut être plus facile de se faire prendre et de payer l'amende pour effacer votre statut de recherche.

N'oubliez pas qu'au niveau de recherche 6, vos choix deviennent limités - vous ne pouvez pas le terminer via des terminaux ou en faisant profil bas. Vous devrez affronter les Death Troopers ou quitter le monde. La gestion de votre niveau de recherche est un élément clé du jeu, combinant les avantages de vos actions illégales avec le risque d'attirer trop d'attention. Les joueurs peuvent utiliser délibérément ce système de recherche pour générer des revenus tout en contrôlant les dangers associés, ajoutant un aspect dynamique au jeu. C'est un élément crucial du mode de vie illégal dans Star Wars Outlaws, et s'y retrouver efficacement exige une préparation minutieuse et une réflexion rapide. Comprendre ces concepts est important pour aborder les profondeurs de Star Wars Outlaws.

Système d'événements aléatoires

J'ai découvert de nombreux principes et stratégies secrets qui peuvent rendre votre temps de jeu dans Star Wars Outlaws bien meilleur en y regardant de plus près. Le système d'événements aléatoires, en particulier les raids de pirates, est l'une des choses les plus intéressantes que j'ai trouvées. Ces combats sont d'excellents endroits pour obtenir des objets et des ressources utiles, en particulier au début et au milieu du jeu. J'ai appris que ces choses se produisent de différentes manières. Parfois, vous êtes embauché comme soldat par un gang criminel, et d'autres fois, vous vous retrouvez au milieu d'un combat entre l'Empire et des voleurs locaux. Les prix, qui sont généralement répartis sur trois boîtes différentes, valent toujours le coup.

Il est intéressant de noter que ces événements se produisent toujours au même endroit. Ils n'apparaissent pas seuls sur votre carte, mais je les ai toujours vus apparaître aux mêmes endroits. J'ai rapidement appris à placer ces endroits sur ma carte pour pouvoir y revenir souvent. Il semble qu'il y ait environ 10 événements différents qui se déroulent dans les différents mondes. Chacun a ses propres obstacles et prix.

Utiliser une arme en mouvement

En termes de combat, je suis tombé sur une technique qui a changé la donne : utiliser votre arme en mouvement. En sortant simplement votre arme pendant une glissade, vous pouvez tirer depuis une position basse tout en gardant la vitesse. Ce mouvement s'est avéré utile dans les combats acharnés, me permettant de combiner vitesse et puissance d'attaque.

Nix vous sauvera

Je ne peux pas assez insister sur l'importance d'utiliser pleinement votre ami, Nix. Ses compétences sont cruciales dans divers scénarios - de l'ouverture des portes à l'obtention d'objets dans le feu de la bataille. De plus, Nix est invincible, ce qui fait de lui un outil inestimable dans les scénarios dangereux. J'ai trouvé que sa capacité à récupérer des armes, des packs de santé et même des bombes était une bouée de sauvetage dans les situations difficiles.

La maîtrise de ces aspects du jeu - de l'abus d'événements aléatoires à la maîtrise des méthodes de combat et à la maximisation des capacités de Nix - a grandement amélioré mon utilité en tant que hors-la-loi dans le monde de Star Wars. Je vous invite à essayer ces techniques et à les adapter à votre style de jeu. Le ciel est immense et plein de possibilités pour ceux qui savent où regarder et comment agir.

Contrats de gestion de navires et de syndication

À chaque fois que vous entrez dans votre vaisseau, prenez l'habitude de vous diriger directement vers la boîte de livraison. Vous y trouverez souvent des fournitures de ND et d'autres partenaires. Chaque fois que vous améliorez votre réputation à « Excellent », vous obtiendrez également quelques cadeaux spéciaux dans cette caisse. Si vous avez acheté la version premium ou primo du jeu, les skins que vous avez débloqués devraient apparaître dans cette caisse dès que vous entrez dans votre vaisseau. Assurez-vous donc de vérifier régulièrement la boîte ; vous ne voulez pas manquer ces choses.

Pendant que vous êtes sur votre vaisseau, il y a un autre endroit avec lequel vous devez vous familiariser : le bar principal. Ici, vous trouverez un ordinateur qui vous donne accès à tous vos revendeurs locaux et mondiaux.

Vous recevrez des contrats de Dunka assez tôt dans le jeu, généralement après avoir terminé la tâche « Le briseur de code ». Si vous ne pouvez pas encore atteindre l'ordinateur ou les contrats, ne vous inquiétez pas, avancez simplement un peu plus loin dans la quête principale.

Gestion des contrats

Maintenant, parlons des contrats. C'est un excellent moyen de contrôler et d'équilibrer votre image parmi les différents syndicats. En accomplissant divers travaux pour eux, non seulement vous augmentez votre score, mais vous avez également plus de chances dans le jeu. Par exemple, disons que vous acceptez une tâche « Infiltrateur ». Ce type de tâche peut offrir une récompense de 200 points de réputation. Vous pouvez avoir jusqu'à trois contrats ouverts par planète, ce qui vous permet de jongler avec plusieurs tâches à la fois.

Cependant, il y a une mise en garde importante : vous ne pouvez accepter des tâches que si votre réputation au sein du groupe est « Bonne » ou supérieure. Si votre nom passe en dessous de cela, à quelque chose comme « Médiocre » ou « Mauvais », vous ne pourrez accepter aucun nouveau travail. Pire encore, si vous avez des contrats ouverts et que votre nom tombe, ces contrats seront marqués en rouge et vous ne pourrez pas les terminer tant que vous n'aurez pas regagné les bonnes grâces du syndicat.

Prenons un exemple. Si vous avez une tâche « Infiltrateur » qui vous demande de placer un piquet dans le quartier de Crimson Dawn, la première étape consiste à vous rendre sur place. Vous pouvez le faire en suivant la tâche dans votre carnet et en la marquant sur la carte. Si votre image auprès de Crimson Dawn est bonne, vous aurez plus de facilité à entrer par la porte d'entrée. Cependant, même avec un bon nom, les tâches d'espionnage nécessitent souvent de se faufiler un peu. Ce n'est donc pas une promenade de santé, mais c'est beaucoup plus facile si vous êtes en bons termes avec le groupe.

Voici un conseil crucial : je ne vous conseillerais pas d'essayer les tâches d'espionnage au début du jeu. Si vous échouez à un contrat, c'est une affaire unique. Vous n'aurez pas de seconde chance tant que ce contrat ne sera pas réintégré dans le pool d'emplois. Au début, l'échec d'un contrat peut en fait nuire à votre image, ce qui rend la croissance encore plus difficile. Attendez donc d'avoir un nom fort avant de tenter ces tâches plus difficiles.

Si vous envisagez de vous lancer dans des missions d'espionnage dès le début, mais que votre réputation n'est pas encore au point, voici un conseil : effectuez une sauvegarde manuelle avant de tenter la mission ou de visiter une zone fermée. De cette façon, si les choses tournent mal, vous pouvez toujours recommencer et éviter de perdre une tâche. Il est essentiel de comprendre comment fonctionne la furtivité dans ces missions : elle est impitoyable. Les règles de ligne de vue changent radicalement et dès que vous êtes repéré, la partie est terminée. Cette mécanique de furtivité ne se limite pas aux opérations d'espionnage ; vous y serez également confronté dans d'autres parties du jeu.

Une autre chose à garder à l'esprit est que les contrats sont cycliques et répétés, ce qui en fait un excellent moyen de construire votre image. Mais que se passe-t-il si vous acceptez un accord et décidez plus tard qu'il ne vous convient pas ? Pas de problème, accédez simplement à la page de gestion des contrats et résiliez-le. Le contrat sera renvoyé au PNJ qui l'a donné et vous le retrouverez disponible la prochaine fois que vous rendrez visite à ce négociant. Gardez cependant à l'esprit que vous devrez terminer ou échouer l'accord pour en obtenir de nouveaux. L'échec d'un accord comporte le risque de perdre en image, alors pesez bien vos choix.

Pour ceux qui cherchent à accumuler rapidement de la réputation, les contrats spatiaux, en particulier les contrats de contrebande, sont votre meilleur choix. Il existe un accord de contrebande qui donne un gros gain de 1 200 points de réputation et ne prend qu'une minute ou deux à terminer. Il vous faut accepter l'accord du contrebandier, le définir comme votre emplacement actuel et vous diriger vers l'espace. Si vous avez la chance d'avoir un accord sur la même orbite que votre emplacement actuel, le processus devient encore plus rapide. Une fois arrivé à l'emplacement, vous devrez faire un peu de recherche pour trouver les marchandises, généralement dans un rayon de 300 mètres. Une fois que vous l'aurez récupéré, il vous suffira de l'apporter à l'endroit suivant.

À ce stade, vous serez confronté à un choix. Vous pouvez soit accepter la livraison, ce qui vous fera gagner 500 points de réputation sans nuire à votre réputation auprès des autres syndicats, soit choisir de révéler le lieu de livraison pour un énorme gain de 1 000 points de réputation. Cependant, sachez que cela vous coûtera 500 points de respect auprès du gang Hutt. Parfois, vous aurez également le choix de gagner plus de points au prix d'une perte de nom supplémentaire. Le choix vous appartient, en fonction de la façon dont vous souhaitez jouer au jeu.

Une autre astuce pratique concerne Nix, votre fidèle ami. Nix peut être utilisé pour distraire les caméras, une technique qui incroyablement utile dans divers scénarios furtifs. Si vous placez Nix au bon endroit, vous pouvez le faire rebondir sur une caméra, attirant son attention. Ce délai vous permet de vous faufiler sans vous faire remarquer, un mouvement crucial dans de nombreuses tâches de furtivité. Gardez cette méthode à l'esprit chaque fois que vous êtes confronté à une sécurité renforcée.

En parlant de furtivité, il existe une fonctionnalité mineure mais puissante liée aux échanges de Kay avec l'environnement. Chaque fois que Kay pose sa main sur un objet, c'est un signal que vous pouvez jeter un œil par-dessus ou autour de lui. Cette compétence est essentielle pour rester caché et préparer votre prochain mouvement. Bien qu'elle ne s'applique pas à tous les objets, vous trouverez de nombreuses occasions d'utiliser cette fonctionnalité. C'est quelque chose qui pourrait facilement passer inaperçu dans le feu d'un combat, alors prenez l'habitude de remarquer quand la main de Kate entre en jeu. Accroupissez-vous simplement et appuyez sur le bouton de visée pour démarrer ce mode, ce qui vous donne un avantage tactique majeur.

Donnez la priorité à l'obtention de pouvoirs

L'un des meilleurs conseils que je puisse offrir est de donner la priorité à l'obtention de pouvoirs dès qu'ils sont disponibles. Ces pouvoirs changent la donne, vous offrent plus de choix stratégiques et améliorent votre plaisir général du jeu. Par exemple, ne faites pas l'erreur que j'ai faite lors de ma première partie en ignorant quelque chose d'aussi basique que la bombe fumigène. Des capacités comme celle-ci peuvent grandement améliorer votre expérience de jeu et vous aider à vous déplacer beaucoup plus rapidement. Concentrez-vous sur l'acquisition et le jeu avec toutes les compétences que vous pouvez, vous ne le regretterez pas.

En ce qui concerne les experts, si vous voyez un expert mentionné dans votre interface utilisateur, c'est probablement parce que vous l'avez déjà rencontré ou que vous avez trouvé des informations importantes à son sujet. C'est pourquoi ils apparaissent dans votre liste, même si vous n'avez pas encore pleinement exploité leur promesse. C'est un léger indice du jeu que vous êtes sur la bonne voie. L'interface utilisateur regorge de ce genre de détails utiles, alors gardez un œil sur tout ce qui pourrait vous donner un avantage dans votre voyage dans l'espace

Comprendre la carte et le journal

Il est important de comprendre la carte et le journal pour bien naviguer dans le jeu. Si vous vous sentez perdu ou confus quant à votre prochain mouvement, la carte est votre meilleure amie. L'une des fonctionnalités les plus utiles est la possibilité de survoler l'un des experts de votre menu de compétences, comme G, et elle vous indiquera exactement où aller pour leur montrer ou démarrer leurs tâches associées. Les créateurs ont rendu tout super disponible et facile à suivre, donc si vous vous demandez comment débloquer quelque chose comme la bombe fumigène, appuyez simplement sur G pour afficher son emplacement sur la carte. Cette fonction élimine une grande partie des devinettes et vous aide à rester concentré sur vos objectifs.

Puisque nous parlons de la carte, voici quelque chose que vous ne remarquerez peut-être pas au début : lorsque vous effectuez un zoom arrière, le coin supérieur gauche indique le nombre d'éléments qu'il vous reste à trouver. Si vous effectuez un zoom avant, vous obtiendrez encore plus d'informations, comme les endroits exacts où vous avez ouvert des boîtes. Par exemple, aux postes de communication impériaux, vous verrez peut-être que vous avez ouvert trois boîtes, marquées d'un panneau ouvert, mais vous en avez peut-être manqué une. Vous pouvez également suivre les richesses fermées dans des endroits comme le patin à roulettes et le monticule d'automne, qui sont correctement indiqués sur la carte.

Cependant, certains biens, comme certaines boîtes impériales, n'apparaîtront pas sur la carte, vous devrez donc faire preuve d'un peu plus d'imagination pour les trouver. Il convient de mentionner que si de nombreuses choses et de nombreux lieux sont indiqués sur la carte, d'autres ne le seront pas, ce qui ajoute une couche supplémentaire de découverte. Pour rendre les choses encore plus faciles, vous pouvez appuyer sur Y (ou sur le bouton approprié de votre ordinateur) pour ouvrir une liste très pratique de tous les lieux importants. Cela comprend les tâches, les renseignements, les contrats, les revendeurs et les lieux de voyage rapide. Cette fonction est particulièrement utile lorsque vous êtes pressé de trouver un vendeur ou que vous devez voyager rapidement entre différents points d'intérêt.

Une autre fonctionnalité intéressante de la carte est qu'elle vous indiquera également si vous avez déjà atteint la richesse concernée à différents endroits. Par exemple, si vous avez déjà reçu la richesse de Musar, un endroit comme l'un des restaurants, la carte indiquera qu'elle a été terminée. D'un autre côté, si vous n'avez pas ouvert un prix dans un endroit comme Crimson Dvol, le coffre sera affiché comme toujours fermé. Ce niveau de détail facilite le suivi de votre progression et vous assure de ne manquer aucun butin important.

Encore mieux, vous pouvez créer vos propres repères sur la carte, qui seront également mentionnés ici, ce qui rend la carte non seulement utile mais aussi très utile. Cette fonctionnalité vous permet de suivre facilement vos commentaires et même de prendre des notes sans fin, ce qui peut être incroyablement pratique pendant votre jeu. C'est certainement quelque chose qui vaut la peine d'être fait, car cela vous aide à rester préparé et vous assure de ne rien oublier d'important.

Un autre conseil utile d'après mon expérience est que si vous avez déjà terminé une tâche et que vous en êtes à votre deuxième partie, essayer de passer à l'étape suivante sans contacter la personne qui vous donne la quête ne fonctionnera pas. Le jeu est très axé sur les quêtes, ce qui signifie que vous ne pouvez pas sauter certaines étapes. Par exemple, des lieux entiers peuvent changer totalement une fois qu'une tâche est en cours, vous empêchant de terminer les objectifs sans d'abord commencer la quête. Il peut y avoir quelques exceptions liées à l'obtention d'objets spécifiques dans des boîtes, mais en général, vous devez suivre la ligne de quête telle qu'elle est conçue. Donc, si vous voulez faire face à une tâche, ne perdez pas votre temps à vous rendre d'abord sur place, allez là où vous avez récupéré la quête, puis progressez.

Voici une astuce que j'ignorais depuis très longtemps : si vous appuyez sur T (ou sur un bouton similaire sur votre ordinateur), vous pouvez agrandir l'affichage des prix de votre expert ou de vos compétences. C'est une petite fonctionnalité, mais elle peut être très pratique pour avoir un meilleur aperçu de ce que vous avez créé.

Utiliser vos jumelles

Maintenant, en ce qui concerne vos lunettes, il existe une astuce intéressante qui pourrait vous être utile. Si les jumelles peuvent vous permettre de savoir si un endroit est hautement sécurisé ou non, ce qui a un impact sur la façon dont vous gérez la surveillance et le statut de recherche, leur plus grande utilité réside dans le marquage des ennemis. Marquer les ennemis avec vos jumelles vous permet de les surveiller, même à travers des objets, et c'est quelque chose que même Nix ne peut pas faire au même niveau. Vous pouvez marquer jusqu'à 10 ennemis, ce qui est incroyablement utile pendant les missions, où il est essentiel de surveiller les mouvements des ennemis. Gardez cela à l'esprit, car cela peut vous donner un avantage tactique majeur dans les tâches plus difficiles.

Une autre idée utile lorsque vous utilisez vos jumelles est que vous aurez besoin d'une ligne de vision claire pour marquer les ennemis, et vous ne pouvez en marquer que

10 à la fois. Cette fonctionnalité est particulièrement pratique pour les missions où il est essentiel de garder une trace des lieux ennemis, vous permettant de toujours savoir où se trouvent les gens à tout moment. C'est quelque chose que je n'utilisais pas beaucoup au début, mais il est utile de s'en souvenir si vous voulez tirer le meilleur parti de vos jeux sournois.

De plus, vous pouvez également utiliser vos lunettes pour mettre des marques sur la carte. Bien qu'il serait agréable de placer plusieurs marqueurs, cette fonctionnalité est limitée à un à la fois, c'est là que les notes que nous avons mentionnées plus tôt entrent en jeu. Les annotations vous permettent de placer des marques infinies, ce qui peut être incroyablement utile pour suivre des objectifs ou des points d'intérêt.

Si jamais vous avez besoin de supprimer une marque, appuyez à nouveau sur le bouton de marque et elle disparaîtra. Cela facilite la gestion de vos marques lorsque vous visitez différents endroits.

Quand il s'agit de vendre de la drogue ou de travailler avec des commerçants qui traitent des marchandises illégales, il y a quelques points à garder à l'esprit. Les vendeurs de contrebande n'apparaîtront pas sur votre carte, vous devrez donc vous souvenir de leurs positions. Par exemple, vous pouvez en trouver un sur la station Ara dans l'orbite AA. Lorsque vous échangez des marchandises, faites attention au bouton qui s'affiche en bas à gauche de l'écran, qui vous indiquera ce que vous échangez. Par exemple, vous pouvez échanger un droïde buzz illégal contre des MG2 Power Exceeds, que vous pourrez ensuite utiliser pour mettre à jour votre arme.

Si vous n'êtes pas satisfait de ce que vous obtenez d'un vendeur illégal, il existe une astuce que vous pouvez utiliser. Avant de parler au vendeur, faites une sauvegarde manuelle. Après l'affaire, si vous n'aimez pas le résultat, vous pouvez charger votre sauvegarde et réessayer. Chaque fois que vous rechargez, le revendeur proposera à la vente différents objets illégaux. Cette méthode est particulièrement utile si vous recherchez des objets spécifiques.

Une autre chose à noter est qu'une fois que vous avez conclu un accord, ce vendeur sera à court d'argent pendant un certain temps, donc sauvegarder et redémarrer est un bon moyen de rafraîchir son inventaire. Cependant, gardez à l'esprit que les objets contre lesquels ils échangent, comme les MG2 Power Exceeds, sont généralement définis, vous n'obtiendrez donc peut-être pas un objet différent en retour.

En ce qui concerne les objets de valeur, j'ai constaté que les collectionner et les vendre peut être très gratifiant. La plupart des bijoux que vous collectionnez sont mieux vendus, et la fonction « vendre tous » chez les détaillants rend ce processus rapide et facile. Les objets les plus chers que j'ai trouvés jusqu'à présent sont des améliorations mécaniques, qui peuvent atteindre un prix élevé. Un autre objet précieux à vendre dès le début est la bague Gor Roox. C'est l'objet le plus cher que j'ai trouvé, et le vendre peut vous fournir de l'argent dont vous avez bien besoin au début du jeu. Ne vous inquiétez pas de le perdre pour toujours ; vous pourrez le racheter plus tard au vendeur à qui vous l'avez vendu si vous le voulez vraiment.

Une chose à garder à l'esprit lorsque vous utilisez la fonction « vendre tous les objets de valeur » est qu'elle ne vendra pas d'objets importants comme la bague Gor Roox. Cette fonction ne vend que des objets inutiles dont vous n'avez pas besoin, ce qui en fait un choix sûr pour vider votre collection sans vendre accidentellement quelque chose de précieux.

Enfin, si vous êtes en quête et que vous avez besoin de plus d'informations sur des objets spécifiques, vous pouvez appuyer sur la touche G (ou l'équivalent sur votre ordinateur) pour afficher des informations détaillées. Cela peut vous aider à trouver plus rapidement les objets dont vous avez besoin. Par exemple, si vous cherchez du cuir, la carte vous montrera qu'il est largement répandu à proximité des zones civiles, ce qui facilite la recherche des matériaux dont vous avez besoin.

Trouver des vendeurs et options de personnalisation

Les différents vendeurs qui sont répartis dans le jeu sont un autre élément important à garder à l'esprit. Environ sept ou huit types de vendeurs différents peuvent être trouvés. Chacun est facilement reconnaissable par une icône qui indique ce qu'ils vendent, comme des vêtements, des objets ou des armes. La plupart d'entre eux sont clairement indiqués sur la carte, mais tous les commerçants en mouvement ne le seront pas. Pour une utilisation ultérieure, c'est une bonne idée de marquer leurs positions à la main. Par exemple, l'un des meilleurs magasins que j'ai trouvés n'était pas indiqué sur la carte, mais après avoir personnellement marqué son emplacement, je n'ai eu aucun mal à le retrouver.

Si vous aimez concevoir l'apparence de votre personnage, le jeu dispose d'une fonctionnalité intéressante qui vous permet de modifier l'apparence de vos vêtements tout en conservant les avantages d'un autre article. Par exemple, si vous aimez l'apparence d'une veste mais que vous souhaitez bénéficier des avantages d'une autre, vous pouvez Il suffit de déplacer votre souris dessus et d'appuyer sur "G". Les avantages resteront les mêmes, mais la veste aura un aspect différent. Cet effet peut être utilisé sur tous les vêtements, ce qui vous offre de nombreuses options de style pour votre personnage. Bien qu'il aurait été agréable d'avoir plus de choix dans les styles vestimentaires, cette fonction vous permet de jouer avec différents looks sans perdre de statistiques.

Un conseil que j'aurais aimé connaître plus tôt : si vous appuyez sur la touche "Tab" sur PC, toutes les informations de la tâche en cours s'afficheront, vous n'aurez donc pas à ouvrir constamment votre carte ou votre menu. Ce petit outil pratique accélère le jeu et facilite grandement le suivi des tâches. Si vous jouez sur ordinateur, assurez-vous de déterminer quel est le bouton approprié pour tirer parti de cette option utile.

Il est important de garder à l'esprit que certains mini-jeux, comme les tâches de rue, nécessitent que vous regardiez des cinématiques quels que soient vos choix, ce qui peut affecter le degré de pouvoir que vous ressentez sur l'expérience.

Enfin, si vous jouez sur PC, accordez une attention particulière aux paramètres clés. Les paramètres habituels peuvent être quelque peu difficiles, en particulier lors de la manipulation de bombes ou d'autres outils. Par exemple, lancer une bombe sur un PC nécessite d'appuyer sur « U » puis sur une autre touche pour confirmer, ce qui peut être difficile au milieu d'un combat. Personnaliser les raccourcis clavier et utiliser les boutons de la souris pour contrôler les fonctions fréquemment utilisées, comme les pouvoirs de Nix, peut grandement améliorer votre expérience de jeu. Après avoir joué avec différents paramètres, vous trouverez probablement une configuration qui semble plus naturelle et efficace pour votre style de jeu.

Conseils avancés sur le combat et l'exploration

Lorsque vous êtes engagé dans une bataille, en particulier sur PC, il est important d'envisager de modifier certains des paramètres clés habituels pour une meilleure efficacité. Contrairement à l'utilisation d'un joystick où les mouvements peuvent être choisis facilement, les options du PC sont un peu étranges. Par exemple, pour lancer des bombes, il faut appuyer sur « U » puis sur une autre touche, ce qui peut être difficile dans un combat rapide. La personnalisation de ces touches rendra l'utilisation des bombes et d'autres outils beaucoup plus accessible pendant la bataille.

Lorsque vous sélectionnez des améliorations pour votre vaisseau, je vous suggère de vous concentrer sur le canon à tir rapide ou le canon laser. Le canon à tir rapide est plus facile à utiliser et plus flexible, tandis que le canon à rafale, bien que plus lent, inflige d'énormes dégâts lorsqu'il est chargé, en particulier contre les vaisseaux ennemis plus gros. N'oubliez pas non plus de sélectionner vos missiles pour un meilleur impact ; cependant, les sous-marins et les missiles ioniques peuvent être plus difficiles à utiliser avec succès.

Plus tard dans le jeu, vous aurez accès à une tourelle automatique sur votre vaisseau, qui cible et tire automatiquement sur les ennemis proches, un ajout utile aux armes de votre vaisseau qui rend la bataille plus faisable.

Options du mode Nix

L'une des fonctionnalités principales de Star Wars Outlaws est d'utiliser Nix, votre partenaire, avec succès. Ses compétences reposent sur la ligne de vue, mais une astuce moins connue est que vous pouvez changer la position de Nix du mode Suivre au mode Agressif. En mode Agressif, Nix déroutera les ennemis en leur sautant dessus, vous donnant la possibilité de les tuer silencieusement, ce qui peut être particulièrement utile lorsque vous jouez furtivement. Sur PC, cela est généralement donné à la barre d'espace, ce qui vous permet de passer rapidement d'un mode à l'autre.

Même dans les tâches secrètes où l'on vous dit d'éviter de déclencher des alarmes, vous pouvez toujours participer prudemment au combat. Nix peut désactiver les alarmes ou poser des pièges, vous donnant une chance d'abattre les policiers qui appelleraient à l'aide. En éliminant ces cibles clés, vous pouvez éviter la furtivité et attaquer les ennemis plus facilement, même si ce sera une tâche plus difficile.

Exploration

L'exploration est une autre grande partie du jeu. Assurez-vous de fouiller entièrement chaque zone à la recherche d'objets et de matériaux secrets qui peuvent accélérer votre développement. La plupart des tâches ont des salles ou des endroits secrets qui peuvent vous récompenser avec des ressources précieuses. Cependant, dans la première partie du jeu, il n'y a pas grand-chose à collecter, alors ne perdez pas de temps à fouiller dans tous les recoins. Cependant, à mesure que vous avancez, faites attention aux endroits destinés à la découverte et vous serez souvent récompensé.

Attention aux objets en mouvement

Faites attention aux objets en mouvement dans le jeu, car ils peuvent vous faire sortir de votre place si vous ne faites pas attention. Approchez toujours les plateformes mobiles par le côté et évitez de sauter directement devant elles, car la physique peut être un peu délicate.

Nix pour la navigation

Si jamais vous vous retrouvez coincé ou que vous ne savez pas où aller, il s'agit généralement de trouver un endroit où grimper ou d'utiliser Nix pour déclencher un bouton ou déverrouiller une porte. Courir avec Nix en mode Sens peut aider à mettre en évidence des endroits dynamiques et à vous guider vers l'avant. Il s'agit souvent simplement de prêter une attention particulière à votre environnement. En général, il y aura un élément mineur mais important (une porte, un bouton ou une plateforme) que vous auriez pu manquer. Une approche clé consiste à toujours utiliser le mode Sens de Nix. Dans de nombreux cas, une analyse rapide avec Nix vous donnera la clé suivante pour progresser. J'ai personnellement passé 5 à 10 minutes à courir sans but pour me rendre compte que j'avais juste besoin d'activer le mode Sense pour trouver l'objet ou le bouton nécessaire.

Repères visuels

Lorsque vous vous déplacez dans les parties de la plateforme, soyez attentif aux flèches jaunes. Ces lignes, généralement présentes sur des panneaux à fond blanc, vous guident vers le prochain objectif. C'est un repère visuel mineur, mais une fois que vous vous êtes habitué à les trouver, ils sont incroyablement utiles. Dans presque toutes les parties du jeu, ces panneaux vous aideront à vous orienter sur la bonne voie. Même s'ils sont faciles à manquer, ils sont toujours présents, alors ne les négligez pas : ils sont votre meilleur guide pour gérer des paramètres complexes.

Ralenti/Ciblage automatique

Une fonctionnalité amusante mais parfois puissante du jeu est le mode de ciblage automatique au ralenti de style Matrix. Bien que cette compétence soit évidemment incroyable, je ne m'y suis pas beaucoup fié, sauf lorsque j'utilisais le speeder. Ce mode s'appelle le mode Adrénaline et ne démarre que lorsque vous êtes sous un feu nourri. Plus la situation de combat est sérieuse, plus la charge est rapide, mais elle diminuera si vous vous retirez du conflit. Une fonctionnalité particulièrement utile de ce mode est qu'il vous permet de tirer à travers les ennemis protégés, ce qui en fait un outil puissant pour les combats difficiles. Un aspect crucial pour maîtriser le combat dans Star Wars Outlaws est de comprendre comment gérer et optimiser votre adrénaline. Au fur et à mesure que vous éliminez des ennemis, votre adrénaline se recharge plus rapidement, ce qui signifie que plus vous vous engagez dans le combat, plus vous pouvez utiliser fréquemment cette puissante capacité. Cela peut être particulièrement utile lorsque vous conduisez votre speeder, bien qu'il soit un peu frustrant qu'il n'y ait pas d'option pour tirer manuellement pendant que vous êtes dessus.

Au combat, votre jauge d'adrénaline est très importante. Elle se reconstitue plus rapidement lorsque vous détruisez des ennemis, donc garder votre taux de mortalité élevé maintient vos niveaux d'adrénaline élevés et vous permet d'utiliser des compétences fortes plus souvent. L'adrénaline pendant le combat permet également de faire face plus facilement aux ennemis protégés et peut renverser des batailles difficiles. Mais n'oubliez pas que lorsque vous vous retirez d'un combat, la jauge d'adrénaline s'épuise, alors utilisez-la à bon escient.

La stratégie de combat par glissement

Dans les situations de combat rapproché, profitez de la mécanique de glissement pour réduire rapidement la distance entre vous et vos ennemis. C'est l'un des moyens les plus rapides de neutraliser les ennemis. De plus, combiner un sprint-saut avec une attaque au corps à corps est un autre moyen très efficace d'engager rapidement les ennemis. En maîtrisant ces techniques de mouvement, vous serez en mesure de combler les écarts beaucoup plus rapidement et d'éviter d'être vulnérable dans les zones ouvertes.

Comprendre les modes de tir, les armes et les techniques de combat

Pour le gunplay, il est essentiel de comprendre les différents modes de tir de vos armes. Pensez-y comme à un système de combo dans un jeu de combat, où vous enchaînez les attaques pour une efficacité maximale. Votre pistolet dispose de quatre modes de tir, chacun avec des vitesses de rechargement différentes. L'astuce consiste à basculer entre ces modes de manière stratégique. Par exemple, après avoir tiré quelques coups puissants (qui ont un temps de rechargement plus lent), passez rapidement au laser ou à une autre arme avec un temps de rechargement plus rapide. Cette tactique peut réduire considérablement vos temps d'arrêt et maintenir votre attaque continue.

Une technique avancée consiste à utiliser l'arme avec le temps de rechargement le plus rapide au bon moment. Tirez deux coups avec le tir puissant, puis passez à votre laser pour recharger rapidement. Si vous allez trop loin avec le tir puissant, son temps de rechargement lent peut vous rendre vulnérable. Maîtriser cette technique de changement rapide vous aidera à maintenir un rythme rapide pendant le combat.

De plus, vous pouvez améliorer encore davantage ce système en personnalisant votre équipement. Il existe des équipements qui peuvent modifier ces mécanismes, alors gardez un œil sur ces mises à niveau pour rendre vos transitions entre les modes de tir encore plus fluides.

Maîtriser le système d'armes et d'équipement de Star Wars Outlaws peut grandement améliorer votre expérience de jeu. Voici un aperçu plus détaillé de la manière de maximiser votre boîte à outils :

Méthodes d'armement
Système de combinaison : considérez vos armes comme un système de combo de style jeu de combat. Commencez par un tir rapide avec une arme avec un temps de rechargement plus rapide, comme l'ion ou le laser. Utilisez ensuite des tirs plus puissants, comme le tir puissant, qui cause beaucoup de dégâts mais prend plus de temps à recharger. Lorsque vous disposez d'un équipement qui accélère le temps de rechargement, cette tactique devient encore plus puissante car elle vous permet de changer rapidement de tir.
Arme ionique : elle est très utile contre les ennemis protégés et les robots. Il suffit de quelques balles pour abattre les ennemis mécaniques ou affaiblir les boucliers. Une fois leur barrière abaissée, utilisez l'adrénaline pour la franchir rapidement, ou passez à une arme conventionnelle pour les achever.
Arme puissante : avec sa zone d'effet (AoE), cette arme puissante est idéale pour éliminer plusieurs adversaires dans des endroits bondés ou même à travers des objets. Pour éviter d'avoir à viser précisément, visez le sol tout en faisant face aux ennemis. Lorsque vous tirez à courte

portée, soyez toutefois prudent, car l'explosion peut vous blesser ou même vous tuer si vous vous approchez trop de la cible.

Capacités à longue portée : Avec une distance de tir plus longue, l'arme électrique excelle également dans le combat à longue portée. Cela peut être utilisé à votre avantage en frappant des adversaires éloignés à distance, en particulier s'ils sont cachés.

Techniques de combat complexes

Glissement et saut au corps à corps : Il peut être très utile d'utiliser le glissement pour combler rapidement les écarts entre vous et vos adversaires. Lorsqu'il est utilisé en conjonction avec un assaut au corps à corps en saut, cela peut fournir un engagement de cible rapide et efficace. Ces choix de mobilité vous permettent de rester sur l'attaque et de donner au combat une dimension supplémentaire.

Tirs courbés de l'arme électrique : La capacité de l'arme électrique à courber doucement ses projectiles est l'une de ses caractéristiques les plus distinctives. Si vous alignez correctement vos balles, vous pouvez l'utiliser pour attaquer les ennemis qui se cachent derrière un abri. Bien qu'il faille un certain temps pour s'y habituer, maîtriser cette technique est agréable et satisfaisant.

Équipement et améliorations

Certains équipements peuvent augmenter considérablement votre vitesse de rechargement, ce qui augmente l'efficacité de l'approche combo. Au fur et à mesure que le jeu progresse, gardez un œil sur ces améliorations, qui vous permettront de tirer plus de balles rapidement.

Hol Tracker et trésors secrets

La découverte de trésors non marqués sur Tatooine et d'autres mondes fera du Hol Tracker un instrument vital. Il vous apparaîtra pour la première fois dans une tâche où vous devez localiser la Taupe écarlate. Le tracker affiche une carte holographique qui vous mène aux emplacements de richesses enfouies, en particulier autour du point de repère de Hyon's Rock. Avec l'utilisation de ce gadget, vous pourrez déterrer des richesses cachées sur de nombreux mondes, rendant votre quête de trésor plus attrayante.

Infiltration et réputation

Certaines régions importantes peuvent être inaccessibles lorsque vous explorez des zones à mauvaise réputation, notamment les espaces du Syndicat ou les territoires du cartel Hutt. Heureusement, Star Wars Outlaws propose davantage de voies d'infiltration. Vous pouvez vous faufiler sans vous faire repérer dans la plupart des endroits importants, ce qui vous permet de récupérer des cartes-clés, des coffres à butin et d'accomplir des objectifs sans avoir à vous soucier d'avoir une mauvaise réputation. Explorez une base de tous les côtés, car c'est souvent là que vous découvrirez des systèmes de ventilation secrets ou des trous d'entrée.

La même méthodologie s'applique aux opérations du Syndicat et aux territoires impériaux. Il n'est pas toujours nécessaire de soutenir un camp pour terminer les objectifs. Comme il existe plusieurs voies d'infiltration dans le jeu, vous pouvez atteindre vos objectifs sans nécessairement améliorer votre réputation.

De plus, vous pouvez appeler votre vaisseau pour atterrir sur une aire d'atterrissage à proximité, même en territoire ennemi, si vous êtes pressé ou si vous voulez être particulièrement rusé. Cela peut vous fournir un moyen rapide de sortir ou vous permettre d'atterrir dans des endroits interdits afin que vous puissiez explorer davantage.

Enfin, faites attention aux magasins : les produits désignés par une étoile dorée sont des composants nécessaires à une variété de compétences et d'améliorations. Lorsque cela est possible, achetez-les car ils seront essentiels pour améliorer votre gameplay.

Techniques d'amélioration de la santé et charmes de début de partie

L'Amberstone envahissante est l'un des charmes les plus précieux que vous puissiez trouver en début de jeu. Ce charme est indispensable pour les joueurs débutants car il améliore considérablement votre santé et provoque une poussée d'adrénaline lorsque vous perdez une quantité considérable de santé. L'Amberstone envahissante diffère des autres charmes, tels que le chasseur, en ce sens qu'il offre une barre de santé supplémentaire complète, nécessaire pour survivre à des batailles précoces plus difficiles. Le chasseur augmente principalement les pouvoirs du blaster.

Vous devez vous propulser à travers une voie aérienne chronométrée et manœuvrer dans une région assez simple afin de gagner ce charme. Ici, le timing est primordial. Vous devez booster dès que vous vous approchez de l'entrée pour éviter d'être repoussé. Une fois à l'intérieur, assurez-vous que tous vos gadgets restent actifs en utilisant votre mise à niveau ionique pour les activer pendant que vous marchez. Pour garder le passage ouvert, vous devrez continuer à tirer sur les cibles. Vous pourrez accéder à un coffre contenant le charme après avoir rempli ces conditions.

Si vous terminez la quête nécessaire, vous pourrez également déverrouiller le compresseur de bombes fumigènes pendant que vous êtes sur cette route. Vous pouvez utiliser des bombes fumigènes avec cette compétence, ce qui peut être très utile plus tard dans le jeu pour le contrôle des foules et les tactiques furtives.

Vous devriez vous concentrer sur l'obtention du maillot de corps blindé, une autre amélioration cruciale qui offre une barre de santé supplémentaire, après avoir obtenu l'ambre envahissante. Selon votre équipement, cela vous accorde un total de cinq ou six barres de santé au début.

Vous aurez besoin de tissage de fer pour obtenir cette amélioration, et il peut être acheté auprès d'un revendeur à Marana. Vous ne verrez pas le maillot de corps dans votre inventaire de vêtements car il est instantanément ajouté à votre personnage, mais vous ressentirez immédiatement le gain de santé.

Lorsqu'ils sont associés au début de votre aventure, l'ambre et le maillot de corps blindé sont tous deux des objets qui changent la donne et vous permettent d'aborder facilement des missions de plus en plus difficiles.

Optimiser les gains de réputation

La méthode la plus rapide pour améliorer instantanément votre réputation est de vous rendre dans des stations spatiales en orbite près de différentes planètes. Un courtier local propose des contrats à chaque station. Pour gagner du temps, donnez la priorité aux contrats de contrebande de 200 à 1 200 récompenses et concentrez-vous sur ceux qui se trouvent sur la même orbite. Vous pouvez établir votre réputation plus rapidement en effectuant ces tâches plus rapidement.

Conseils supplémentaires

Sauter une conversation : même en l'absence d'invite, vous pouvez utiliser votre bouton de saut (par défaut, « F » sur PC) pour sauter certaines lignes de conversation.

Cela vous permet de gagner du temps lors de longues discussions sans manquer aucune des cinématiques.

Appeler votre vaisseau spatial : même lorsque vous êtes en territoire ennemi, vous pouvez ordonner à votre vaisseau spatial d'atterrir sur n'importe quelle aire d'atterrissage impériale ou syndiquée. Cette fonction est pratique lorsque vous devez partir rapidement ou lorsque vous voulez causer des problèmes afin d'obtenir un niveau convoité.

Objets importants du magasin : recherchez des objets dans les magasins qui ont une étoile dorée ; elles sont essentielles pour les compétences ou les améliorations. Dès que vous le pouvez, essayez de les récupérer.

Conseils d'infiltration : même si votre réputation auprès de la faction n'est pas excellente, il existe presque toujours d'autres méthodes pour pénétrer dans les territoires impériaux ou les bases du Syndicat sans se faire remarquer. Afin d'éviter un conflit direct, gardez un œil sur ces entrées secondaires.

Vous vivrez une expérience de jeu beaucoup plus fluide dans Star Wars Outlaws si vous combinez ces tactiques : rassembler les charmes appropriés, améliorer votre santé et bâtir rapidement votre réputation.

Personnages et factions

Personnages et factions de Star Wars Outlaws

Dès que j'ai commencé à jouer à Star Wars Outlaws, j'ai compris à quel point les factions sont cruciales pour l'intrigue. Elles influencent non seulement l'environnement dans lequel vous vivez, mais aussi vos chances, vos prix et le type de jeu auquel vous jouerez. Je passerai en revue les principaux groupes avec lesquels vous évoluerez et comment votre position au sein d'eux influence votre parcours.

Qu'est-ce que la réputation ?

Dans Star Wars Outlaws, la réputation est cruciale. Les endroits où vous êtes libre de vous déplacer ainsi que les contrats que vous pouvez obtenir sont influencés par votre statut auprès des autres groupes. Le Pike Syndicate, Crimson Dawn, Hutt Cartel et le clan Asiga sont les quatre principaux groupes avec lesquels vous aurez affaire. Nous n'entrerons pas ici en détail sur le Zerich Bash, mais ils constituent un élément important de l'histoire principale et ne sont pas inclus dans le système de réputation.

Vos décisions affectent votre position auprès de chaque camp. Votre position changera, que vous remplissiez des contrats ou que vous vous attaquiez à un groupe. De Terrible à Excellent, il existe cinq niveaux de réputation qui affectent tout, des contrats qui vous sont attribués aux coûts facturés par les fournisseurs. Vous pourrez accéder à des objets spéciaux comme des skins de blaster, des charmes et même des ensembles d'armures à mesure que votre réputation augmente.

Pike Syndicate

Ma première rencontre dans le jeu a eu lieu avec le Pike Syndicate. Ils supervisent la lune Toara, un tout nouveau lieu construit par les développeurs, et sont profondément engagés dans le commerce des épices. Le Syndicat des Pikes est fascinant car il est engagé dans une guerre territoriale sans fin avec le Crimson Dawn au sujet de cette lune.

L'opinion que ces deux groupes ont de vous sera façonnée par les choix que vous ferez envers Toara. Vous pourrez obtenir de meilleurs contrats et une plus grande liberté sur Toara si vous vous rangez du côté des Pikes, mais le Crimson Dawn sera probablement contrarié. Bien que cela n'ait pas toujours été simple, j'ai découvert que pour accéder à certaines tâches et récompenses, il était essentiel de maintenir une réputation positive auprès de ces deux groupes.

Crimson Dawn

Vous reconnaîtrez peut-être Lady Qi'ra de Solo: A Star Wars Story en tant que chef du Crimson Dawn. Bien qu'il soit originaire du monde de Star Wars, il reste l'un des groupes les plus énigmatiques du jeu. Il se heurte constamment à d'autres groupes, en particulier au clan Asiga et au Syndicat des Pikes.

Bien que travailler avec le Crimson Dawn ait fait de moi une cible pour les autres groupes, cela m'a également conduit à des opérations de contrebande très rentables. Gérer ma relation avec eux était à la fois passionnant et difficile, en particulier parce qu'il semblait qu'ils étaient en guerre avec pratiquement tout le monde.

Cartel des Hutts

Tout le monde a entendu parler de Jabba le Hutt. Le Cartel des Hutts est un personnage majeur de Star Wars Outlaws. Vous pouvez vraiment vous rendre au palais de Jabba sur Tatooine et interagir avec le Cartel des Hutts pour différents contrats ; cela se passe avant les événements du Retour du Jedi.

Ce groupe est spécialisé dans les opérations criminelles telles que la chasse aux primes et la contrebande. D'après mon expérience, soutenir le Cartel des Hutts m'a non seulement fait devenir l'ennemi public des autres factions, mais m'a également apporté beaucoup de crédit. Si vous parvenez à gérer ce difficile exercice d'équilibre, les avantages l'emportent sur le danger.

Clan Asiga

Un nouveau groupe appelé le clan Asiga a été développé en coopération avec Lucasfilm et les développeurs du jeu et a fait ses débuts dans Star Wars Outlaws. Je me suis rappelé les colonies d'insectes par leur structure en forme de ruche et leur leadership par une reine.

Comme le clan Asiga règne sur des parties de Kashimi, une planète qui apparaît dans Rise of Skywalker, je les ai trouvés assez intrigants. Naturellement, ils sont également en désaccord avec le Crimson Dawn, ce qui rend la décision de choisir un camp encore plus difficile.

L'impact de la réputation sur le gameplay

Non seulement votre réputation auprès de chaque groupe affecte votre progression dans les missions, mais elle affecte également la façon dont vous êtes traité dans les endroits sous contrôle de faction. Si vous avez une réputation Terrible, vous serez facturé des frais exorbitants par les marchands, banni des contrats et agressé à vue. Votre statut passera à Bon ou Excellent, ce qui vous ouvrira des contrats supplémentaires, des incitations plus élevées et même des stocks exclusifs aux vendeurs.

Les ensembles d'armures et les modifications uniques que vous pouvez obtenir après avoir atteint une excellente réputation auprès d'une faction font partie des fonctionnalités les plus excitantes. Par exemple, j'ai gagné un ensemble d'armure spécial qui est apparu tout droit sorti de Rebels lorsque j'ai réussi à atteindre le niveau supérieur avec le cartel des Hutts. De plus, vous êtes libre de vous déplacer dans les régions contrôlées par la faction sans craindre d'être attaqué, ce qui est un grand avantage lorsque vous explorez simplement sans but.

Développement du caractère et acquisition de compétences

La façon dont Star Wars Outlaws gère les améliorations de compétences et de personnages le distingue de beaucoup d'autres jeux, en particulier ceux qui utilisent un système de croissance conventionnel basé sur l'XP. Ubisoft a adopté une méthode plus naturelle et engageante qui correspond à la structure du monde ouvert du jeu et à son exploration approfondie, plutôt que de dépendre d'un gain d'XP ou d'un arbre de compétences. Le processus de montée en niveau semble plus axé sur la narration et connecté à l'aventure de Kay Vess puisque le système incite les joueurs à interagir avec l'environnement et à rencontrer des PNJ.

Aperçu du système de progression

Star Wars Outlaws se passe du système de niveaux traditionnel, contrairement à d'autres RPG. Il n'y a pas de barre d'expérience à remplir ni d'arbre de compétences avec des points à attribuer. Par ailleurs, Outlaws invite les joueurs à parcourir la galaxie et à interagir avec certaines personnes appelées experts, qui peuvent toutes être améliorées pour acquérir de nouvelles compétences. Étant donné que ces spécialistes sont dispersés dans la galaxie, le jeu dégage une impression d'exploration qui propulse la progression du joueur d'une manière plus organique et narrative.

Cette méthode correspond au thème de l'existence d'un hors-la-loi et est à la fois nouvelle et appropriée. Plutôt que de simplement gagner des points d'expérience, elle encourage les joueurs à acquérir leurs talents via l'exploration, les missions et les rencontres avec les nombreux PNJ de la galaxie. L'ensemble du processus semble ainsi plus satisfaisant et dynamique.

Experts et compétences

Au fur et à mesure de la progression du jeu, les joueurs rencontreront neuf experts distincts, chacun d'entre eux donnant à Kay accès à un ensemble de six capacités. Les experts ont une variété de compétences, de la gestion améliorée des ressources et de l'exploration aux améliorations de combat. Certaines compétences peuvent être utilisées immédiatement après avoir rencontré l'expert ou terminé une certaine mission. Mais pour utiliser la plupart des pouvoirs, le joueur doit remplir une variété d'objectifs ou gagner des ressources, ce qui ajoute à l'intérêt du processus et à la nature orientée vers la quête.

Le fonctionnement du système d'acquisition de compétences est décomposé comme suit :

Rencontrer des experts : chaque expert fournit un ensemble unique de capacités associées à son domaine d'expertise. Par exemple, un mécanicien peut mettre à jour le speeder de Kay, tandis qu'un spécialiste du pistolero peut acquérir des compétences liées au combat.

Achèvement de la quête : à la fin de certaines missions ou quêtes, plusieurs pouvoirs deviennent disponibles. Cela peut inclure la résolution d'énigmes, l'engagement dans une bataille ou l'exploration.

Gestion des ressources : pour utiliser plusieurs capacités, les joueurs doivent collecter certaines fournitures d'artisanat. Le fait que ces matériaux soient souvent dispersés dans la galaxie encourage des recherches plus poussées

Quelques spécialistes de renom et leurs compétences

Chaque expert offre un mélange unique de capacités de combat, d'exploration et d'utilité, ajoutant une saveur unique au jeu. La liste suivante de spécialistes importants comprend un échantillon de leurs compétences :

Bram le barman
Bagarre de cantine : permet à Kay de frapper des cibles à courte portée avec une réaction en chaîne pour augmenter les dégâts.
Discussion rapide : Kay peut retarder ou détourner les adversaires avec cette compétence basée sur le dialogue.

Crochetage : un mini-jeu a été ajouté pour permettre à Kay de déverrouiller des portes et des conteneurs.

Ces compétences permettent à Kay d'utiliser la manipulation de l'environnement et des techniques sournoises ou non liées au combat.

Mécanicien Selo Rovak
Boost de vitesse : cette amélioration donne au speeder de Kay une fonction de boost.
Pochette de scélérat : étend l'inventaire de grenades et de fournitures de soins de Kay.
Selo, un mécanicien, donne au speeder de Kay et à son équipement des améliorations vitales qui améliorent sa mobilité et sa survie.

Slicer Aila Bren :
Tir furtif : augmente les dégâts lors de l'attaque de cibles sans qu'elles ne se rendent compte que Kay est là.
Kit de piratage : cet appareil crée de nouvelles possibilités de pénétration ou d'enquête secrètes en donnant accès à des systèmes de sécurité de pointe.
Grâce à l'expertise d'Aila en matière de piratage et de furtivité, Kay peut éliminer des adversaires en secret et ouvrir de nouveaux emplacements.

Scavenger Temmin Wexley :
Survivor : augmente la santé maximale de Kay, lui donnant la force de caractère indispensable dans les combats difficiles.

Hydrorépulsor : augmente le nombre de zones pouvant être explorées en permettant au speeder de Kay de traverser l'eau.

Les principaux objectifs des pouvoirs de Temmin sont d'augmenter les chances de survie de Kay et de lui fournir davantage d'alternatives pour se déplacer dans le monde ouvert.

Conditions de déverrouillage

Les tâches nécessaires pour débloquer des capacités sont l'un des principaux composants de ce système d'avancement. Les joueurs doivent accomplir activement des tâches ou localiser des ressources afin d'obtenir le talent souhaité ; ils ne reçoivent pas automatiquement de pouvoirs après avoir rempli des conditions spécifiques. Cela peut être aussi simple que de terminer une mission difficile ou de résoudre un puzzle, ou cela peut être aussi difficile que d'éliminer un certain nombre d'ennemis.

Par exemple, pour obtenir la capacité Fast-Talk de Bram le barman, Kay doit :
Utiliser Takedown sur trois adversaires distraits.
Utiliser la mêlée pour vaincre cinq adversaires.

D'un autre côté, la bourse de scélérat de Selo Rovak nécessite de collecter des fournitures d'artisanat telles que :
Tissu Durafiber.
Tissu dense (8 pièces).

Quatre unités de cuir Robuma.

Les joueurs se sentiront plus impliqués dans le développement de Kay et leur avancement dans la galaxie en accomplissant ces tâches, car chaque compétence est liée au domaine d'expertise de l'expert.

Impact sur le gameplay et variété des compétences

Le système d'avancement de Star Wars Outlaws n'offre peut-être pas une quantité excessive de pouvoirs, mais il le compense largement par son utilité et sa diversité. Chaque talent est conçu pour avoir un impact significatif sur le gameplay, que ce soit en améliorant les combats, en ouvrant de nouveaux chemins ou en améliorant les interactions de Kay avec l'environnement.

Par exemple :
Compétences de combat : les joueurs peuvent vaincre leurs ennemis avec plus de succès grâce à des compétences comme Adrenaline Rush Mastery et Cantina Brawling, qui ont un impact direct sur les combats.
Compétences d'exploration : la mobilité de Kay dans l'univers ouvert est améliorée par des compétences comme Hydrorepulsor et Speed Boost, qui ouvrent des lieux auparavant inaccessibles ou accélèrent ses déplacements à travers la galaxie.
Compétences utilitaires : Kay peut localiser et récupérer des objets précieux ou des ressources cachées plus

facilement grâce à des compétences comme Treasure Hunter et Lockpicking.

Avec différentes tactiques débloquées par chacun de ces talents, les joueurs sont encouragés à personnaliser leur style de jeu en fonction de leurs propres goûts.

Systèmes de progression
Ubisoft a pris une décision rationnelle et innovante en abandonnant le système conventionnel basé sur l'XP. La progression dans des jeux comme Assassin's Creed Odyssey dépendait souvent du gain de niveau, et les arbres de compétences semblaient parfois trop grands ou écrasants. Star Wars Outlaws, en revanche, contourne ce problème en simplifiant l'avancement vers des spécialistes spécialisés, en rendant les mises à niveau plus simples à surveiller et plus étroitement liées au gameplay et à la narration du jeu.

Le monde semble plus vivant grâce à cette transformation. Pour rendre le jeu plus réaliste et immersif, les joueurs doivent explorer, interagir avec les PNJ et effectuer des activités en plus de monter de niveau via des combats.

La progression des personnages dans Star Wars Outlaws implique bien plus que simplement monter de niveau ou acquérir de nouvelles capacités ; elle implique également de voyager dans la galaxie, de se faire des amis et de recueillir des conseils auprès des personnes que Kay rencontre. Ubisoft a créé un système qui semble satisfaisant, captivant et fidèle au principe criminel du jeu en attribuant des pouvoirs aux spécialistes.

Le système d'avancement offre une nouvelle interprétation d'un concept établi, améliorant la complexité du gameplay et motivant les joueurs à explorer en profondeur les offres de la galaxie.

Le guide des missions

Les missions sont votre porte d'entrée dans le cœur de l'aventure galactique de Kay Vess dans Star Wars Outlaws. La campagne principale du jeu est divisée entre de nombreuses planètes, chacune avec ses propres scénarios, personnages et obstacles distincts. Bien que l'histoire de la majorité des missions soit linéaire, l'aventure devient beaucoup plus importante dans la seconde moitié lorsque la campagne se divise en trois chemins différents dans la quête « Hyperspace ». Cela donne un itinéraire inachevé qui vous donne la liberté de choisir la direction à prendre au départ.

Plutôt que de suivre une séquence de tâches précise, ce guide de mission organise la procédure pas à pas par planète pour simplifier votre gameplay. De cette manière, quel que soit l'ordre que vous choisissez, vous pouvez rapidement avancer vers la mission à laquelle vous participez. En gardant cela à l'esprit, votre voyage galactique semblera plus personnalisé et adaptable.

Il existe quatre niveaux de difficulté dans le jeu : Scoundrel (très difficile), Outlaw (difficile), Explorer (facile) et Adventurer (normal). La difficulté par défaut du mode Adventurer est utilisée dans ce didacticiel. Avec des paramètres typiques pour la santé, l'agressivité de l'adversaire et la difficulté des énigmes, ce mode maintient un équilibre entre défi et accessibilité. Mais Star Wars Outlaws propose des niveaux de difficulté personnalisables que vous pouvez localiser sous les options d'accessibilité si vous préférez une expérience plus personnalisée.

Afin de terminer la campagne, qui se compose de deux missions d'expert cruciales et de 21 missions d'intrigue principales, ce guide vous fournira des conseils complets sur la façon de surmonter chaque obstacle. Nous couvrirons tout pour vous aider à devenir le criminel le plus infâme de la galaxie, que votre objectif soit de dominer la furtivité sur terre ou de vous engager dans un combat spatial rapide.

Canto

Mission 1 : Les débuts

Salutations et bienvenue dans Star Wars Outlaws, là où votre aventure commence ! Êtes-vous prêt à vous lancer ? L'histoire commence par une cinématique qui nous présente Sliro, l'antagoniste quelque peu fou qui va ajouter beaucoup de complexité à la vie de Kay Vess. Il parle avec des gens puissants des bas-fonds de la galaxie. Une fois l'histoire terminée, nous passons à un autre point de vue et rencontrons Kay Vess, notre héroïne. Alors que nous commençons à la connaître, son fidèle acolyte Nix commence à la supplier de lui donner à manger, et hop ! Notre première tâche est de nous nourrir.

Kay sera sous votre autorité dans sa chambre. Prenez un moment pour scruter la zone et vous faire une idée de la situation. Lorsque vous êtes prêt, allez à la porte.

Salutations du Sabot Brisé

En suivant le couloir après avoir quitté la chambre de Kay, vous vous retrouverez à descendre dans la taverne du Sabot Brisé avec Nix. Une cinématique entre un client et le barman Bram commence. Après l'échange tendu, vous parlerez avec Bram, qui informe Kay que le gang Sixth Kin a compromis sa surtension de données. La stratégie ? Réparer cette surtension de données.

En route vers le magasin de Preeban

Il est temps de sortir et de trouver de la rue ! Une fois que vous avez quitté le Broken Hoof, la barre supérieure de votre écran affiche une boussole utile. Cela vous dirigera vers différents objectifs et des endroits intéressants. Nous allons ensuite au magasin de Preeban, alors gardez un œil dessus.

Faites une pause un moment avant de partir. Tournez à gauche en quittant le pub pour trouver un objet précieux dans une poubelle juste en face de vous. Saisissez-le ! Ces types d'objets de valeur peuvent être trouvés partout dans la galaxie et sont un moyen fantastique de gagner de l'argent supplémentaire. Vous ne savez jamais quand vous aurez besoin de crédit supplémentaire, alors gardez toujours un œil sur tout ce qui s'allume.

Une fois que vous l'avez, tournez à droite et faites attention à la porte en acier devant vous. Il y a un sac derrière. Normalement, il serait hors de portée, mais Nix est là. Pour commander Nix, appuyez sur L1 (ou LB ou Q sur PC), puis regardez-le faire son travail de magie. Demandez-lui de se faire virer, et hop ! Plus de points ! Simple, non ?

Continuez vers le magasin de Preeban en retournant ensuite sur la route principale. N'oubliez pas d'engager la conversation avec les habitants au fur et à mesure ; ils pourront vous donner des informations ou des conseils utiles. Après avoir parcouru un petit marché et gravi une passerelle, vous arriverez au magasin de Preeban, entouré d'un groupe de robots. Il est temps d'essayer de conclure une affaire.

Paiement à Preeban pour le pic de données

Il se trouve que Preeban est prêt à nous aider à condition que nous payions 100 crédits. Pas de soucis, continuons le rythme car nous avons déjà commencé à en gagner. Un commerçant qui se trouve juste en face du magasin de Preeban est prêt à acheter les trésors que nous avons rassemblés. Les objets de valeur peuvent être échangés contre de l'argent rapidement, alors ne vous inquiétez pas de les conserver.

Une fois votre inventaire épuisé, il est temps de localiser quelques autres réserves de crédits. Après avoir quitté le magasin de Preeban, tournez à gauche pour découvrir une autre porte barrée. Vous savez quoi faire : dites à Nix d'obtenir l'objet caché en dessous en échange d'un nombre important de crédits. Ensuite, tournez à droite et cherchez un tunnel sous un tuyau. Pour plus de crédits, accroupissez-vous (Cercle/B/C) et saisissez le sac perché sur la boîte verte.

Vous devriez avoir assez d'argent pour payer Preeban si vous avez déjà tout récupéré. Revenez, payez-lui l'argent et il vous donnera le pic de données mis à jour. Bien joué ! Nous nous dirigeons maintenant vers le Club Tarsus.

Entrée dans le Tarsus Club

Retournez dans la rue jusqu'au petit marché après avoir obtenu le pic de données. Une porte qui brille en rose sera visible. Après avoir passé une petite arcade, vous arriverez à un garde posté à l'entrée du Club Tarsus. Nous ne pouvons pas entrer avec une conversation polie, mais ne vous inquiétez pas, il existe d'autres options.

Tournez à gauche et vous verrez un volet partiellement ouvert. Vous entrerez dans un petit garage si vous glissez en dessous. C'est ainsi que nous entrons. Procédez jusqu'à la porte sécurisée et lancez-vous dans un bref mini-jeu de crochetage de serrure en utilisant le pic de données. Vous jouez à un jeu de rythme de base en faisant correspondre les rythmes avec le bouton R2/RT/gauche de la souris. Vous pouvez prendre votre temps car il n'y a personne autour pour vous pousser à vous dépêcher. Manquez un battement et vous devrez recommencer.

Nous passerons à la nouvelle mécanique suivante, qui consiste à grimper, une fois la porte ouverte.
Ascension vers le Tarsus Club

Procédez par la porte et entrez dans une ruelle. Une impasse bloque le passage, mais vous pouvez voir une structure métallique avec des tuyaux qui la traversent. C'est l'application du grappin. Pour vous connecter au tuyau et vous élever, appuyez sur R3 (ou E). Pour accéder aux niveaux supérieurs, sautez sur le rebord suivant et utilisez à nouveau votre grappin. Vous finirez par rencontrer une porte verrouillée. Lorsque vous utiliserez la fenêtre adjacente pour manipuler la boîte de jonction avec Nix, la porte s'ouvrira ! Nous faisons désormais officiellement partie du Club Tarsus.

Vol de la carte d'identité

Entrez et parlez au barman qui s'y trouve. Il nous fournira des informations utiles : le videur a un tout nouveau speeder bike. Lorsque le videur partira, vous pourrez utiliser. C'est pour bluffer et vous faire passer devant lui et la porte sera grande ouverte. Une fois que vous aurez dépassé l'agent de sécurité à l'intérieur, la carte d'identité sera sécurisée derrière une porte. Il est temps de crocheter à nouveau les serrures ! Une fois la serrure cassée, prenez la carte d'identité.

Éloignez-vous !

Une alarme se déclenche ! Oh non ! Il est temps de notre première bataille. Cachez-vous derrière le bureau et ouvrez le feu sur les gardes qui approchent. Les tirs à la tête sont idéaux pour des éliminations rapides. Gardez un œil sur la jauge de surchauffe de votre blaster, mais s'il devient trop chaud, vous pouvez jouer à un petit mini-jeu pour le refroidir. Après avoir vaincu les gardes, franchissez la porte et entrez dans l'allée arrière. Continuez à voyager, à grimper sur les toits et à descendre jusqu'à ce que vous vous retrouviez dans les rues de Canto. C'est un voyage direct de retour au Sabot Brisé à partir de là.

Une cinématique où le Sixième Kin cherche Kay se déroulera à l'intérieur. Nous avons maintenant terminé Beginnings et sommes prêts à nous attaquer à la tâche suivante !

Mission 2 : Hors-la-loi

Dans Star Wars Outlaws, Kay Vess est en fuite et a besoin d'un plan de secours après le vol catastrophique du Club Tarsus. Kay doit éviter le Sixième Kin alors qu'elle sort du Sabot Brisé et se dirige vers les rues de Canto pour commencer l'opération. La discrétion est essentielle pour survivre dès le début. Afin d'éviter d'être vu, vous devez rester accroupi et suivre Nix dans l'allée à votre gauche, en utilisant les toits et les ombres. Utilisez les poubelles pour monter sur les toits et restez au-dessus du sol pendant que vous vous déplacez dans la ville. Sautez sur les toits avec prudence pour éviter de tomber et d'alerter les gardes à proximité. Finalement, vous tomberez sur un point de grappin qui vous permettra de vous balancer de l'autre côté de la route. Une cinématique apparaîtra après avoir traversé les espaces restreints et les débris, vous conduisant à une réunion avec l'équipe de Bram.

Une fois la cinématique terminée, Kay doit se rendre chez Sliro en descendant une berge et en esquivant les rochers dangereux. Au fur et à mesure que vous avancez, Dennion vous appelle pour vous donner un aperçu de la mission et pour vous donner un peu d'histoire sur Sliro. Utilisez votre grappin pour vous balancer entre les trous et escalader les parois rocheuses abruptes pour atteindre la maison. Vous y verrez une grille métallique qui mène sur le côté du bâtiment. Grimpez et entrez dans la cour de Sliro en rampant à travers le trou au sommet. Dennion va maintenant exploser, provoquant une diversion suffisamment longue pour que vous puissiez entrer à l'intérieur. Lorsque vous vous approchez de l'entrée principale de la maison, vous devrez utiliser la compétence de capteur de Nix pour identifier les adversaires proches afin de pouvoir vous faufiler furtivement dans l'herbe luxuriante et éliminer les gardes sans être vu.

Désactiver une barrière énergétique qui obstrue votre chemin à l'intérieur du manoir est votre première mission. Utilisez votre pic de données pour percer la porte fermée voisine, puis suivez le câble bleu jusqu'à un interrupteur d'alimentation en utilisant l'impulsion de Nix. Une fois la barrière abaissée, remontez le couloir en faisant attention à ne pas vous retrouver dans le champ des caméras de surveillance. Il est nécessaire de chronométrer précisément vos mouvements afin de pouvoir vous faufiler entre les zones aveugles des caméras, car elles déclencheront une alerte si elles vous identifient. Au fur et à mesure, vous croiserez d'autres gardes en patrouille et une autre barrière énergétique obstruant un ascenseur. Afin de supprimer la barrière, glissez-vous via un conduit d'aération et frayez-vous un chemin à l'intérieur du manoir, détruisant les gardes et volant des provisions au fur et à mesure. Deux gardes doivent être dépêchés dans la zone du salon. Ensuite, localisez un interrupteur à côté du bar qui abaisse la barrière énergétique. Continuez à esquiver prudemment les caméras, piratez une autre porte pour accéder à des ressources supplémentaires et revenez dans la zone centrale pour accéder à l'ascenseur.

Une fois que vous aurez atteint le coffre-fort, vous jouerez à votre premier mini-jeu sur le piratage. Cette tâche de piratage s'apparente à Wordle, dans lequel vous devez trouver la bonne séquence de symboles en faisant des erreurs. La porte du coffre-fort s'ouvrira lorsque vous déchiffrerez le code, révélant la découverte ultime des richesses par Kay et son équipage dans une cinématique. Mais leur triomphe est éphémère, et alors que les gardes affluent dans la maison, une scène de poursuite commence. Pour sortir, utilisez votre blaster pour éliminer les gardes et frayez-vous un chemin dans les couloirs. En chemin, tirez sur les nœuds d'alimentation pour déverrouiller un conduit de ventilation qui mène à un tunnel de service et pour éteindre les ventilateurs tourbillonnants.

Vous vous retrouverez dans un grand hangar face à un vaisseau lorsque vous sortirez des tunnels. Le prochain plan de Kay est de fuir Canto en cambriolant le vaisseau. Distrayez les adversaires et faites exploser les barils explosifs éparpillés dans le hangar en utilisant Nix. Courez vers le vaisseau et évitez tout autre ennemi pendant que les gardes restants se rapprochent. Cela déclenchera une cinématique dans laquelle Kay et Nix alimentent le vaisseau spatial. La mission culmine dans une évasion audacieuse alors que vous pilotez le vaisseau spatial volé hors du domaine de Sliro et que vous vous envolez vers le ciel après avoir franchi la barrière énergétique.

Toshara

Mission 3 : Crashed

La troisième mission de Star Wars Outlaws, « Crashed », s'ouvre en fanfare, après l'évasion spectaculaire de Kay de la maison de Sliro dans le niveau précédent. Grâce à l'utilisation de méthodes de gestion des engagements ennemis, à l'acquisition de ressources pour les améliorations et à l'identification des zones d'intérêt importantes, cette procédure pas à pas vous guidera à travers les premiers pas de Kay sur la planète Toshara.

Lorsque Kay et Nix s'écrasent sur Toshara, ils se retrouvent dans une situation dangereuse. Kay pense que le vaisseau spatial est trop endommagé pour redécoller lorsque Nix la réveille à nouveau. Kay est prête à explorer après avoir enfilé sa veste, mais son voyage est écourté lorsqu'un mécanicien en fuite de quelques voleurs s'écrase sur son vaisseau spatial. Après une courte cinématique, une séquence de combat tendue commence alors que Kay se cache derrière les bandits qui ouvrent le feu.

Le compteur d'adrénaline de Kay est utile dans cette situation. Le compteur se remplit sous la pression, ce qui permet à Kay de passer en mode Adrenaline Rush. Lorsque le symbole du blaster dans le coin inférieur droit de l'écran s'allume en rouge, vous saurez qu'il est temps. Appuyez sur les joysticks gauche et droit de votre manette, ou sur X sur un PC, pour activer cette compétence. Le temps ralentit, vous permettant de marquer de nombreux ennemis, puis de tirer dans une démonstration de tir précis à la mode. Utilisez ce pouvoir pour abattre les trois bandits, puis parlez à Waka, le mécanicien, qui accepte de vous aider. Kay dit qu'elle n'a pas d'autre choix que d'accepter.

Retournez au navire et approchez-vous du speeder pour une brève scène après avoir repris le contrôle. À ce stade, vous vous dirigez vers Mirogana. Montez sur le speeder et suivez la route poussiéreuse au nord-est. Vous traverserez une brèche sur une rampe naturelle qui vous propulse une fois que vous aurez tourné à droite à une bifurcation. Continuez en avant, en prenant à gauche ou en descendant dans la rivière en dessous. Dans tous les cas, le jeu finira par inclure des mécanismes d'évasion supplémentaires lorsque vous rencontrerez plus de bandits. Traversez le lit de la rivière à toute vitesse et revenez sur le chemin de terre en évitant les tirs ennemis à l'aide de R1/RB/E pour aller à droite et de L1/LB/Q pour aller à gauche.

La route se sépare à nouveau peu de temps après. Allez à gauche pour atteindre une autre rampe, où vous atterrirez dans l'océan et devrez naviguer autour des débris et de la faune. Waka vous appelle à ce moment-là par radio, vous conseillant d'aller vers Mirogana afin d'échapper aux bandits. Alternativement, si vous vous sentez très audacieux, vous pouvez utiliser à nouveau la capacité Adrenaline Rush de Kay pour éliminer les bandits suivants.

En suivant le point de cheminement jaune sur votre boussole dans un tunnel, vous tomberez enfin sur une structure qui ressemble à une station-service. Au-delà se trouve Mirogana. Tous les bandits survivants se retireront après avoir traversé un pont à l'intérieur de la ville, laissant Kay dans une position relativement sûre. Alors que Kay se fraye un chemin à travers l'entrée de la ville, elle parle avec Waka de leur prochain plan d'action. Le jeu vous invite à descendre du speeder à mesure que vous vous rapprochez du sommet de la colline, ce qui marque le début de la mission suivante, « Underworld », en passant par le poste de contrôle impérial.

C'est à ce moment-là que le libre déplacement devient disponible. Vous pouvez enquêter sur des quêtes secondaires à Toshara, mais il est préférable de rester avec l'intrigue principale un peu plus longtemps afin d'obtenir des appareils supplémentaires et des améliorations utiles. Allez à la porte ouverte du premier étage du rond-point de Mirogana pour obtenir une quête de renseignement si vous avez envie de commencer des quêtes secondaires plus tôt. Une fois à l'intérieur, utilisez la fonction de numérisation de Nix pour identifier tout ce qui se trouve dans l'espace, en commençant par la pile à côté de la porte. En continuant à l'intérieur, vous découvrirez un bloc de données avec la légende « MG Rescue Service », qui révélera des informations supplémentaires sur un speeder qui s'est écrasé.

Il existe plusieurs ressources dans cette zone, y compris un point de grappin pour une utilisation ultérieure, mais pour le moment, il est préférable de continuer à explorer ou de passer à la prochaine mission de Kay.

Mission 4 : Underworld

Vous êtes libre d'explorer Mirogana maintenant que vous êtes arrivé. Étant donné la taille de Mirogana, il est préférable d'avoir une idée de la zone avant d'explorer plus loin. Vous rencontrerez quelques PNJ, dont un mécanicien de speeder, et vous trouverez des objets intéressants, comme un trésor de Nix près de la porte. Lorsque vous êtes prêt à continuer, trouvez le point de contrôle impérial sur votre carte et marchez vers l'entrée du centre-ville.

Lorsque le moment est venu et que vous vous dirigez vers le salon de jeu de Makal, montez jusqu'au point de contrôle impérial. Kay sera arrêtée par un stormtrooper qui demandera une pièce d'identité. Kay sera autorisée à passer après une discussion animée, ce qui lui permettra d'entrer dans le centre-ville de Mirogana. De nombreux quartiers seront bloqués par les membres du gang Pyke et les stormtroopers, il n'y a donc pas grand-chose à explorer pour l'instant. Descendez les marches et suivez le marqueur de quête jusqu'à la cantina, qui est indiquée par un grand panneau bleu néon au-dessus de la porte. Entrez par la porte orange située juste sous le panneau.

Un PNJ du salon de jeu de Makal s'approchera de vous lorsque vous descendrez le couloir en direction du bar, vous donnant un pass de 50 crédits pour entrer dans la suite de Gorak. Économisez votre argent et continuez ; c'est une fraude. Parlez à la barmaid de Gorak lorsque vous y arrivez, mais elle ne vous laissera pas entrer.

Vous devrez alors prendre un chemin différent. Tournez à droite vers l'entrée derrière le bar, qui se trouve à côté du jukebox. Il y a un conduit d'aération et un terminal de crochetage. Sélectionnez la serrure et passez par le conduit d'aération pour atteindre l'ascenseur qui vous emmène à l'appartement de Gorak.

Kay rencontrera Danka, la courtière en informations, après une courte présentation et une cinématique la montrant en train de se faire éjecter. Danka informera Kay des différentes organisations criminelles et lui proposera un travail pour pénétrer dans une base de Pyke afin de recueillir des informations importantes pour un client.

À ce moment, le mécanisme de réputation du jeu est introduit. Votre réputation sera affectée par vos relations avec le Cartel des Hutts, le Syndicat des Pykes et l'Aube Pourpre, entre autres groupes criminels. Si vous opposer à un gang ou le trahir peut nuire à votre réputation, le soutenir élèvera votre statut et vous donnera accès à de plus grandes possibilités. Gérer vos relations est essentiel pour accéder aux prix et avantages des différentes factions dans cette structure dynamique.

La prochaine tâche consiste à pénétrer dans la forteresse des Pykes. Parlez à Danka, puis quittez la cantina et retournez au centre-ville de Mirogana. La forteresse est proche du poste de contrôle impérial, mais les voyous des Pykes défendent l'entrée. Vous devrez trouver un autre moyen d'entrer, car les Pykes ne sont pas amicaux en ce moment. Trouvez un conduit d'aération dans une ruelle, faufilez-vous à travers et frayez-vous un chemin derrière les lignes ennemies. Soyez prudent, car si vous êtes détecté, vous devrez revenir sur vos pas.

Procédez dans la zone des Pykes en vous déplaçant furtivement derrière des caisses et d'autres couvertures pour éviter d'être découvert. Au cours de votre voyage, alors que vous escaladez des murs et parcourez des régions difficiles, vous aurez la possibilité d'ordonner à Nix de distraire les gardes. Vous arriverez finalement à une structure avec une porte piratable au deuxième étage. Une fois que vous avez franchi la porte, entrez dans une salle de générateur spacieuse en rampant via un conduit d'aération. Pour passer au niveau suivant, vous devrez utiliser Nix pour vous aider à allumer les interrupteurs et les ascenseurs.

Après avoir traversé cette phase, vous entrerez dans une mine. Vous pouvez reprendre l'objectif en utilisant votre grappin pour traverser un gouffre et entrer dans la zone centrale de la forteresse de Pyke après avoir rassemblé des matériaux importants le long de la route.

Acquisition des données

Maintenant que nous sommes à l'intérieur de la forteresse, il est temps de nous frayer un chemin dans la tour, de voler les données de Pyke et de nous échapper. Cependant, ce n'est pas une tâche simple : la tour est protégée par une barrière énergétique et la zone est patrouillée par les gardes de Pyke.

Kay nous donne la possibilité d'y aller à fond, mais pour cette procédure pas à pas, nous nous en tiendrons à une approche furtive, en évitant les combats inutiles. La première étape consiste à marquer les ennemis à l'aide de vos jumelles. Appuyez sur la gauche du D-Pad (ou appuyez sur la touche 5 sur PC) pour les faire apparaître et marquez autant d'ennemis que possible. Faites particulièrement attention aux deux qui patrouillent le chemin central, car ils deviendront une nuisance plus tard. Une fois que vous les avez marqués, sortez de vos jumelles.

Commencez par vous diriger vers votre droite, où vous verrez un point de grappin. Descendez en rappel jusqu'à la passerelle, faites demi-tour et dirigez-vous vers l'échelle devant vous. En bas, vous trouverez un Pyke travaillant sur un générateur près d'une parcelle d'herbe haute. Utilisez l'herbe pour vous couvrir, sifflez pour attirer le garde et assommez-le lorsqu'il s'approche.

Après cela, continuez sur le chemin, en évitant une caméra de sécurité, jusqu'à ce que vous trouviez une autre parcelle d'herbe juste au-delà de sa ligne de vue. Attendez que la caméra se détourne, puis avancez rapidement dans l'herbe et avancez vers le levier près du garde à l'étage inférieur. Ce levier contrôle le premier des deux interrupteurs nécessaires pour désactiver la barrière énergétique. Pour une approche silencieuse, envoyez Nix pour actionner le levier. Une fois cela fait, il est temps pour localiser la deuxième source d'énergie.

Pour atteindre le deuxième interrupteur, montez l'échelle à votre gauche et faufilez-vous sur le pont central. Utilisez à nouveau Nix pour saboter une alarme à proximité pour plus de sécurité. Ensuite, distrayez le garde le plus proche de vous et éliminez-le lorsqu'il s'éloigne de la vue des autres. Enfin, utilisez Nix une dernière fois pour désactiver le deuxième interrupteur, en supprimant la barrière énergétique.

Maintenant que la barrière est tombée, revenez sur vos pas sur le pont, descendez et entrez dans le bâtiment juste en face. Montez au deuxième étage et attendez que les gardes en patrouille se détournent avant de crocheter rapidement la porte de la tour.

Dans le bureau de Pyke, récupérez tout le butin que vous trouvez et piratez le terminal au centre pour récupérer des informations critiques sur Pyke. Dès que vous aurez terminé, les alarmes retentiront et deux Pykes sortiront de l'ascenseur. Occupez-vous d'eux, crochetez la serrure de la cage d'ascenseur et utilisez les grilles métalliques pour sortir. Continuez à travers les conduits d'aération et descendez les échelles, ce qui vous mènera finalement à une piste d'atterrissage à l'extérieur de Mirogana.

Une fois que vous avez quitté la forteresse, retournez au centre-ville de Mirogana et rencontrez Danka dans la cantina. Elle vous présente Eleera, un agent de l'Aube

Pourpre, et c'est là que vous devrez prendre votre première décision importante. Vous pouvez soit donner à Eleera les informations sur le traître Pyke, ce qui vous permettra d'obtenir les faveurs de l'Aube Pourpre et une récompense sous forme d'injecteurs de carburant pour votre vaisseau, soit garder les informations pour Gorak, ce qui renforcera votre réputation auprès des Pykes sans nuire à votre réputation auprès de l'Aube Pourpre. Les deux choix ont des avantages, alors choisissez en fonction de la faction à laquelle vous accordez le plus d'importance.

Après avoir terminé la mission, Kay appelle Waka et il vous suggère d'accepter un nouveau travail. Vous pouvez maintenant vous rendre chez Danka pour récupérer la mission Nouveaux tours.

Mission 5 : Nouveaux trucs

Après avoir discuté avec Danka dans le salon de jeu de Makal, vous devrez améliorer votre blaster pour pouvoir effectuer votre prochaine mission. Danka suggère d'obtenir les pièces nécessaires à l'amélioration en vous rendant dans un prêteur sur gage à proximité. Une fois la conversation terminée, la position du marchand sera indiquée sur votre boussole par un symbole de loupe jaune. Pour vous rendre au prêteur sur gage, suivez le marqueur dans les rues de Mirogana. Vous découvrirez une boutique en désordre remplie de composants restants et de droïdes obsolètes. Allez voir le caissier et parcourez son inventaire. Les relations de Danka lui permettront d'obtenir gratuitement le boîtier ionique, qui est nécessaire pour la mise à niveau. Avant de partir, prenez-le et, si vous avez suffisamment de crédits à dépenser, achetez quelques améliorations supplémentaires.

Kay prévoit de demander au marchand un autre composant de blaster lorsqu'elle aura le boîtier ionique, mais il lui dit que le module n'est pas autorisé à être vendu à Mirogana. Kay va téléphoner à Waka à ce moment-là, et Waka leur conseille de prendre le composant auprès d'un gang local appelé les Pykes ou les Crimson Dawn. Bien que vous puissiez choisir de voler l'un ou l'autre camp, il est généralement plus simple de vous en prendre au gang avec lequel vous avez été le plus populaire pendant la mission Underworld. Cela facilitera le vol, car leurs gardes ne vous verront pas comme un danger. La mission ne nuira pas à votre réputation, quelle que soit l'organisation que vous choisissez de voler.

Si vous voulez voler les Pykes, rendez-vous à l'endroit indiqué sur votre carte. Vous ne devriez pas avoir de difficulté à passer leurs gardes si vous avez déjà gagné leur confiance. Le composant nécessaire est caché dans une ruelle sous surveillance. La caméra ne sonnera pas d'alerte car les Pykes vous respectent, mais vous devrez quand même la désactiver en appuyant sur un bouton à proximité. Après avoir éteint la caméra, entrez dans le conduit d'aération en crochetant la serrure, entrez à l'intérieur et sortez un coffre pour récupérer le composant du blaster. Faites attention à voler tout ce qui a de la valeur dans la pièce et n'oubliez pas de pénétrer dans l'ordinateur pour recueillir plus d'informations. Après cela, revenez furtivement sur vos pas et quittez le territoire de Pyke.

La façon dont vous procéderez pour voler le Crimson Dawn sera la même. Naviguez jusqu'au point indiqué sur votre carte, en passant par la cuisine du restaurant pour éviter de tomber sur quelqu'un que vous ne devriez pas rencontrer si vous êtes du côté du Crimson Dawn. Votre objectif est une porte gardée par des troupes ; cependant, choisissez un chemin différent plutôt que de tenter de la percer. Naviguez jusqu'à la piste d'atterrissage adjacente, où un ventilateur est attaché à un levier. Vous pouvez vous faufiler et descendre une échelle dans l'avant-poste en utilisant Nix pour maintenir le levier et arrêter le ventilateur. Le composant blaster et plusieurs autres éléments utiles se trouvent à l'intérieur. Assurez-vous d'obtenir plus d'incitations en piratant le terminal suivant, puis revenez sur vos pas pour assurer votre sécurité.

Après avoir obtenu la partie blaster, vous devrez vous rendre à Jaunta's Hope afin de terminer la tâche. Rendez-vous au vaisseau de Waka en appelant votre speeder et en traversant la nature sauvage de Toshara à la poursuite du marqueur de mission. Lorsque vous arriverez à Jaunta's Hope, Waka travaillera sur votre vaisseau spatial, le Trailblazer, sur la piste d'atterrissage. Waka vous informera qu'il a installé un atelier de blaster à bord du vaisseau après une petite conversation. Entrez, trouvez l'atelier et commencez à personnaliser votre blaster. Créez l'accessoire Ion Burst en sélectionnant le module ionique après l'apparition du panneau de modification du blaster.

Maintenant que vous avez configuré votre blaster comme vous le souhaitez, il est temps de retourner voir Danka et de terminer le travail. Elle vous demandera de pénétrer dans une petite maison au sud-ouest de Jaunta's Hope et de prendre des objets dans la cache d'un contrebandier. Une fois arrivé à la maison, tirez un tir ionique à travers la fenêtre avec votre blaster fraîchement personnalisé pour activer le condensateur, ce qui déverrouillera la porte. Vous découvrirez le trésor et d'autres objets inestimables à l'intérieur. Une fois que vous avez les objets, retournez à Jaunta's Hope et déposez Danka à la cantina. L'objectif Nouveaux tours sera entièrement accompli lorsqu'elle complimentera votre travail et mentionnera un ami qui pourra vous aider à améliorer votre speeder à l'avenir.

Mission 6 : False Flag

Après avoir terminé la mission New Tricks, la quête False Flag sera disponible sur la plateforme d'atterrissage de Jaunta's Hope. Lorsque vous serez prêt à entreprendre la mission, approchez Waka à l'extérieur du Trailblazer et engagez la conversation. Kay mentionnera qu'elle a obtenu les injecteurs de carburant nécessaires, ce qui incitera Waka à vous guider vers le menu de modification du vaisseau. Ici, vous pourrez installer le nouveau moteur et d'autres améliorations. Accédez à l'emplacement Propulsion et équipez-vous du nouveau moteur, ce qui terminera la mise à niveau et déclenchera une cinématique dans laquelle Eleera propose à Kay un travail pour infiltrer une station-service impériale en utilisant une cargaison perdue comme couverture. Malgré les réserves de Waka sur l'état de préparation du Trailblazer, Kay accepte.

Une fois la mise à niveau de propulsion installée, dirigez-vous vers le cockpit et prenez le siège du pilote. Vous aurez maintenant la possibilité de lancer le Trailblazer, en passant en douceur de la cinématique au jeu pendant que vous vous élevez hors du monde et volez dans l'espace. Prenez un moment pour vous familiariser avec les commandes du vaisseau. Le jeu vous donnera beaucoup de temps pour vous entraîner à voler, alors jouez avec les propulseurs, les roulis et les réglages de vitesse jusqu'à ce que vous soyez à l'aise.

Une fois que vous êtes prêt à continuer, suivez le marqueur de quête menant à l'épave du Sansanna, où vous devrez récupérer la cargaison perdue. Waka vous demandera de tirer sur la cargaison pendant qu'il prépare le rayon tracteur. La cargaison est une boîte grise attachée au sommet de l'épave. Après avoir tiré dessus, un vaisseau de raid se déformera et commencera à attaquer. Engagez-vous dans un combat aérien, en utilisant le réticule de cible rouge pour une visée précise. Restez dans la queue du raider pour minimiser les tirs entrants et détruire le vaisseau.

Une fois le premier raider abattu, deux vaisseaux supplémentaires entreront dans la bataille. Ces rencontres vous apprendront le mode poursuite, qui permet au Trailblazer de se verrouiller sur un ennemi et de tirer une salve de tirs précis. Utilisez le mode poursuite en maintenant le bouton approprié et continuez le combat aérien jusqu'à ce que les deux vaisseaux soient détruits. Ensuite, retournez à l'épave du Sansanna et ramenez la cargaison à bord.

Une fois la cargaison sécurisée, votre prochaine destination est la station-service impériale. À votre approche, une paire de chasseurs TIE vous interceptera et vous demandera de les suivre dans un espace restreint. Waka bluffera pour vous frayer un chemin à travers la transmission impériale, vous permettant d'atterrir dans la baie d'amarrage de la station-service. Après l'atterrissage, dirigez-vous vers la soute pour discuter avec Waka, qui est naturellement nerveux à propos du plan de Kay visant à falsifier les données de l'Empire.

Une fois la conversation terminée, sautez dans l'ascenseur de chargement et atterrissez dans le hangar de la station-service. De nombreux stormtroopers patrouillent dans la zone, la discrétion est donc cruciale. Restez dans les caisses pour vous mettre à couvert et éliminez silencieusement les ennemis lorsque cela est possible. Vous rencontrerez un officier impérial travaillant sur un chasseur TIE. Éliminez-le discrètement, puis continuez vers le garde posté près de palettes de fret flottantes. Activez la plate-forme flottante, qui se déplacera en ligne droite, créant une couverture mobile pour vous permettre de vous faufiler dans la zone.

Restez à droite en suivant la plateforme flottante et évitez d'attirer l'attention des stormtroopers en patrouille. Vous finirez par atteindre un conduit d'aération que vous pourrez ouvrir, menant à une petite zone avec un ascenseur turbo. Pillez la caisse à proximité et utilisez l'ascenseur pour monter. Une fois sur la passerelle supérieure, continuez d'avancer jusqu'à ce que vous rencontriez une paire d'officiers impériaux sortant d'une pièce. Envoyez les officiers à l'intérieur de la pièce, pillez toutes les ressources utiles et interagissez avec un terminal à proximité pour ouvrir la porte suivante.

À partir de là, la mission s'intensifie à mesure que vous vous frayez un chemin à travers la station impériale, rencontrant plus de stormtroopers et naviguant à travers diverses mesures de sécurité. La capacité de distraction de Nix sera cruciale pour séparer les gardes, tandis que le piratage des consoles et la désactivation des barrières de sécurité vous permettront de progresser dans les zones verrouillées.

À mesure que vous vous rapprochez de votre objectif, Waka vous suggérera d'encadrer le Crimson Dawn avec les données volées, vous présentant un choix moral intéressant. Cette décision peut influencer l'issue de la mission, bien qu'elle ne soit pas immédiatement critique pour la progression de l'histoire.

Continuez à travers la station, en utilisant une combinaison de furtivité et de combat pour vaincre les ennemis. Vous atteindrez finalement une grande salle de maintenance avec un tapis roulant. Piratez un terminal pour désactiver une barrière énergétique, ce qui vous permettra de progresser davantage. Suivez le tapis roulant et descendez dans une zone inférieure où patrouillent les stormtroopers. Utilisez Nix pour vous aider à désactiver les systèmes de sécurité et éviter la détection ennemie.

Après avoir traversé plusieurs autres points de contrôle de sécurité et éliminé des gardes supplémentaires, vous atteindrez enfin le centre de données. Piratez le système, déclenchant une cinématique où Kay entre en contact avec un nouvel allié particulier, mettant en place de nouvelles intrigues au fur et à mesure que l'histoire progresse.

À son retour à Toshara et à son atterrissage à la surface, Kay sera accueillie chaleureusement par la faction à laquelle elle appartenait.

Mission 7 : Le mécanicien

Après que Kay ait réussi à piloter son vaisseau dans le cadre du contrat False Flag de Star Wars Outlaws, son nouvel objectif est de localiser un ordinateur de navigation afin de pouvoir quitter Toshara définitivement. Elle devra cependant d'abord améliorer son speeder, ce qui nous éloignera de la route habituelle pour terminer une mission d'expert cruciale, avant de pouvoir le faire.

Vous recevrez un appel de Waka après avoir terminé la quête False Flag, vous demandant de le rencontrer au marché de Mirogana pour discuter de l'achat d'un nouvel appareil de navigation. Mais avant de pouvoir aller plus loin, vous devrez mettre à jour votre speeder, ce qui lancera une nouvelle mission. Rencontrer le contact de Danka à Jaunta's Hope est la première étape. Lorsque vous êtes prêt, allez au Daruda Diner.

Lorsque vous y allez, discutez de vos problèmes de speeder avec le barman. Bien que Selo n'ait pas été vu depuis un moment, elle vous suggérera de parler à Selo, un mécanicien de speeder bien connu. Pour trouver les amis de Selo, vous serez envoyé à Kadua, la ville de pêche au vent.

A Kadua, à la recherche de Selo

Montez dans votre speeder et indiquez sur votre carte que Kadua est situé à l'ouest de Mirogana. Une fois arrivé au village, continuez vers le point de cheminement. Parlez aux deux personnes qui conduisent un bateau à votre arrivée. L'une d'elles vous informera qu'au nord-est de Jaunta's Hope, au sommet d'une falaise, se trouve Selo.

Placez le magasin de Selo sur votre carte, puis allez-y. Selo soude à un poste de travail sur le porche arrière de son entreprise. Elle acceptera de modifier votre speeder si vous lui parlez, mais seulement après avoir trouvé un composant particulier, ce qui lancera la quête d'expert en mécanique.

Un coup d'œil à l'intérieur du récolteur de vent

Au nord-ouest de Jaunta's Hope, dans un récolteur de vent impérial, se trouve l'accélérateur atmosphérique dont Selo a besoin. À votre arrivée, Kay vous demandera comment utiliser les perturbateurs magnétiques que Selo lui a remis. Allez-y dans votre speeder. Pour arrêter le ventilateur, placez-les sur la console à sa gauche.

Passer à travers l'hélice et dans l'arbre une fois que le ventilateur s'arrête. Finalement, les perturbateurs magnétiques fonctionneront mal et vous ne pourrez pas continuer. Au lieu de cela, tournez à droite dans un tunnel latéral qui mène au segment suivant.

Navigation du récupérateur de vent

Vous arriverez à un long couloir avec un gros ventilateur qui bloque votre chemin. Descendez de votre speeder et roulez jusqu'au milieu du couloir, sous le pont. Il y aura une barrière énergétique. Donnez l'ordre à Nix de passer par les évents et d'activer la barrière en appuyant sur le bouton derrière elle.

Entrez maintenant dans l'espace, puis montez l'escalier pour atteindre un tunnel massif entouré de ventilateurs. Lorsque les ventilateurs s'arrêtent, traversez le pont et descendez sur la plate-forme en dessous. Une fois que vous êtes arrivé à un autre ventilateur, allumez le nœud qui se trouve à proximité pour le rendre inutilisable, puis sautez jusqu'à la passerelle. Passez à la plate-forme suivante, mais soyez prudent car celle-ci a un ventilateur intermittent marche/arrêt.

Avancer dans la moissonneuse

Lorsque vous passez à travers la grille et que vous tombez, faites attention au timing du ventilateur. Il va atterrir sur un tuyau. Pour accéder au couloir de maintenance ci-dessous, laissez-vous tomber à travers un trou. Une fois que vous avez pillé un conteneur, vous devrez passer à travers une petite ouverture entre deux tuyaux pour atteindre votre cible. Grimpez sur les grilles jaunes et sautez jusqu'à la prochaine ligne de prises.

Trouvez un endroit où des boîtes d'éjection sont présentes. Soyez très prudent lorsque vous traversez la passerelle pour éviter d'être renversé. Continuez à monter les grilles jaunes suivantes et continuez à monter jusqu'à ce que vous arriviez à une série de prises et à la dernière passerelle. L'accélérateur atmosphérique se trouve au-delà.

Où chercher l'accélérateur atmosphérique

Attrapez le deuxième ventilateur à travers l'ouverture et entrez dans l'évent après avoir sorti deux autres ventilateurs. Cela vous amène à une salle de contrôle avec une caisse contenant l'accélérateur atmosphérique. Pour retourner à votre speeder, sortez par la porte suivante et continuez à suivre les points de grappin.

Retournez voir Selo et améliorez le speeder

Retournez voir Selo avec l'accélérateur atmosphérique en main. Elle installera le composant, donnant à votre speeder l'accès à la fonction Speed Boost. Ce boost sera essentiel pour négocier de nouvelles situations et de nouveaux paysages.

Maintenant que votre speeder a été mis à jour, il est temps de retourner à Mirogana et de parler à Waka pour obtenir l'ordinateur de navigation afin que la quête The Wreck puisse commencer.

La procédure pas à pas de la mission The Mechanic Expert est maintenant terminée. Alors que Kay est prête à lancer son vaisseau spatial hors du monde, trouver l'ordinateur de navigation illusoire sera le prochain objectif !

Mission 8 : Épave

La tâche « L'épave » dans Star Wars Outlaws est une quête importante dans laquelle vous aidez Waka à extraire un ordinateur de navigation d'une énorme épave. Vous devez d'abord terminer la quête Expert en mécanique afin d'obtenir l'amélioration de la vitesse de votre speeder avant de pouvoir commencer cette mission. Vous devez d'abord terminer cette quête car vous ne pouvez pas continuer sans cette amélioration.

Rencontre avec Waka

Il est temps de rencontrer Waka après avoir terminé la quête Expert en mécanique. Naviguez jusqu'à la zone du marché de Mirogana et localisez-le au point de quête assigné, en train de se prélasser dans une taverne du quartier. Engagez une conversation avec Waka pour commencer la tâche. Il vous dira que l'ordinateur de navigation que vous voulez se trouve dans un vaisseau coulé, mais que vous devez d'abord obtenir un noyau d'alimentation de classe onze d'une base impériale afin d'y accéder.

Pénétration dans le complexe impérial

Envisagez de terminer la mission Expert en découpe pour obtenir le kit de découpe avancé avant de vous rendre au complexe. Vous pouvez vous faufiler plus facilement au-delà de la base grâce à ce gadget. Vous devez écouter deux escrocs dans le salon de jeu de Makal à Mirogana pour commencer la mission d'expert en découpage. Le kit de découpage, très utile pour pirater les terminaux du complexe, peut être débloqué en terminant cette quête.

Lorsque vous êtes prêt, rendez-vous au complexe impérial, situé au nord de Jaunta's Hope dans la forêt de Boulder. Faites un petit tour à Jaunta's Hope, montez dans votre speeder et dirigez-vous vers le complexe. Soyez prudent lorsque vous vous approchez du complexe et restez sur le côté gauche de la rue. Distrayez un stormtrooper à proximité avec Nix pour pouvoir esquiver une patrouille AT-ST. Une fois que vous avez réussi à les dépasser, cachez-vous dans les hautes herbes et entrez dans une grotte voisine surveillée par un droïde. Ici, la furtivité est la clé : attendez l'occasion idéale de dépasser le droïde et continuez.

Vous arriverez à une fosse dans la grotte, où des droïdes montent la garde. Après avoir balancé au-dessus du trou avec votre grappin, accédez au bâtiment en pénétrant dans un système de ventilation. Le kit de découpage avancé est nécessaire pour désactiver les systèmes de sécurité et entrer dans les zones restreintes une fois à l'intérieur.

Localisation du noyau d'alimentation

Waka vous dira que le noyau d'alimentation se trouve dans une section d'ingénierie non marquée dès que vous entrerez dans l'installation. Retirez doucement les gardes en utilisant Nix pour détourner leur attention, puis dirigez-vous vers une échelle qui mène au mur extérieur. À l'aide du kit de découpage avancé, éteignez les caméras de sécurité une fois que vous êtes sur le mur pour faciliter une pénétration plus fluide.

Suivez le mur jusqu'au coin nord-ouest du bâtiment, où l'entrée du département d'ingénierie est gardée par un stormtrooper. Pour entrer dans l'entrée, utilisez l'ascenseur turbo pour descendre et retirer le garde en silence. Vous trouverez deux gardes qui tentent de déverrouiller une porte de bureau à l'intérieur. Distrayez-les et neutralisez-les avec l'aide de Nix, puis demandez à Nix de pousser le levier à l'intérieur du bureau pour ouvrir la porte afin que vous puissiez prendre le noyau d'alimentation.

Passez un peu de temps à fouiller la propriété à la recherche d'objets de valeur avant de partir, comme de l'or et des renseignements. Un nouveau design de blaster est également conservé dans un coffre-fort dans le coin sud-est de la forteresse. Pour l'ouvrir, utilisez les codes du coffre-fort du bureau de sécurité.

Regarder à travers l'épave

En portant le noyau d'alimentation, atteignez rapidement Jaunta's Hope et utilisez votre speeder pour atteindre l'épave. Vous devrez utiliser l'amélioration d'augmentation de vitesse que vous avez déjà obtenue pour sauter un gouffre. Une fois à l'entrée de l'épave, frayez-vous un chemin à l'intérieur pour naviguer rapidement dans une soufflerie. Pour ouvrir l'entrée de la grotte, placez le noyau d'alimentation dans un interrupteur à côté de la porte et tirez sur un nœud d'alimentation.

Vous devrez vous balancer au-dessus des pipelines et des falaises avec votre grappin pour explorer les zones les plus profondes de l'épave au fur et à mesure. En naviguant à travers un certain nombre de points de grappin, en escaladant des murs et en résolvant des énigmes de nœuds d'alimentation pour déverrouiller des portes fermées, dirigez-vous vers le pont du vaisseau.

Allumer le réacteur et atteindre le pont

Vous devez gravir un certain nombre de plates-formes et de rebords pour atteindre le réacteur du vaisseau afin de l'allumer. Les volets qui s'ouvrent et se ferment doivent être évités et les sauts doivent être chronométrés correctement. Lorsque tous les terminaux sont allumés, le réacteur démarre et vous pourrez prendre un ascenseur jusqu'à la salle de contrôle.

Après avoir pillé les matériaux environnants dans la salle de contrôle, allumez le terminal pour alimenter la porte du pont. Maintenant que vous pouvez traverser le pont, allez dans la dernière chambre où Waka vous demande de récupérer l'appareil de navigation. Examinez la zone pour trouver plus de trésors, tels que des coffres et des matériaux en vrac, avant de continuer.

Vaincre les agents de Zerek Besh

Deux agents de Zerek Besh vont vous attaquer dès que vous tenterez de récupérer l'ordinateur de navigation. Ces adversaires sont difficiles à tuer car ils sont forts, ont une armure volumineuse et peuvent se téléporter. Non seulement les frappes de mêlée standard et les éliminations furtives seraient inefficaces dans ce conflit, mais Nix ne pourra pas non plus vous aider.

Utiliser les barils explosifs éparpillés dans la chambre est la meilleure façon d'agir.

Mission 9 : Hyperspace

Une fois que vous aurez terminé « The Wreck », vous serez dirigé vers la deuxième partie de « Star Wars Outlaws ». Dans l'étape suivante, des histoires importantes, de nouveaux mondes et des tâches pour constituer une équipe compétente pour un braquage risqué sont ajoutés. L'histoire du jeu change avec cette tâche, qui vous permet d'explorer davantage le monde et d'envoyer l'histoire dans de nouveaux endroits. La liberté de choix est désormais soulignée, vous offrant plusieurs options pour atteindre vos objectifs.

Démarrage de la mission

Allez voir le pilote du Trailblazer et attendez que ND-5 commence le voyage « Hyperspace ». ND-5 vous bloquera le chemin vers le siège du pilote, vous ne pourrez donc pas le manquer. Parlez avec ND-5 et il vous fera une brève discussion sur les objectifs de la mission avant de prendre sa place dans le siège du copilote.

Prenez un moment pour profiter de la conversation et pensez à quel point ND-5 est un meilleur ami que Waka du dernier voyage. Lorsque vous êtes prêt, montez dans le siège du pilote et préparez-vous à décoller.

Choisir votre premier endroit où aller

Dès que vous arrivez dans l'espace, ND-5 se connectera à l'ordinateur de navigation que vous avez obtenu dans "The Wreck" et vous informera de votre prochaine tâche. La tâche consiste à rassembler une équipe pour le braquage, et pour ce faire, vous devrez visiter trois systèmes différents : Kijimi, Tatooine et Akiva.

Vous pouvez vous rendre sur n'importe quelle planète de votre choix et rencontrer une autre personne importante qui rejoindra votre groupe. ND-5 vous suggérera de commencer par Kijimi, mais le choix vous appartient. Que vous souhaitiez suivre son conseil ou vous rendre d'abord sur Tatooine ou Akiva, le choix vous appartient totalement.

Pour choisir un emplacement, appuyez à droite sur le D-Pad ou sur la touche X pour faire apparaître la liste des systèmes. Sélectionnez la planète de votre choix, avancez pour engager la vitesse de distorsion et sautez jusqu'à votre emplacement.

Transition de mission

Lorsque vous entrez dans l'hyperespace et commencez votre voyage vers la planète choisie, un court aperçu de l'histoire se déroule, passant en revue les événements clés qui se sont produits jusqu'à présent. Une fois le film terminé, la tâche Hyperspace est terminée, ce qui lance officiellement la partie suivante du jeu.

Kijimi

Assemblage de votre équipe

Maintenant que Kay a réussi à quitter Toshara, il est temps de commencer à assembler votre équipe pour le casse. Votre objectif est d'embaucher trois spécialistes : un Heavy, un Safe Cracker et un Droidsmith. Chacun de ces membres de l'équipe est basé sur une planète différente, et la façon dont vous les embauchez dépend entièrement de vous.

Voici une répartition de chaque poste que vous devez pourvoir :

Heavy : ce membre de l'équipe fournira la puissance de feu et la force brute nécessaires au casse.
Safe Cracker : le Safe Cracker est important pour entrer dans des endroits sécurisés, y compris la maison de Sliro.
Droidsmith : cet expert en technologie se chargera de toutes les tâches technologiques auxquelles vous serez confronté pendant le casse.
N'hésitez pas à passer d'une tâche à l'autre en fonction de l'ordre dans lequel vous souhaitez les aborder.

Exploration de nouvelles planètes

Avec trois nouvelles planètes (Kijimi, Tatooine et Akiva) désormais disponibles, c'est une excellente occasion de découvrir et de vous immerger dans le monde. Chaque planète regorge de nouveaux obstacles, de quêtes secondaires et de matériaux à collecter. Au fur et à mesure de votre aventure dans ces nouvelles zones, n'oubliez pas de terminer les quêtes secondaires, d'améliorer votre équipement et d'explorer les vastes environs à la recherche de butin précieux.

L'univers de Star Wars Outlaws est désormais ouvert à l'exploration, alors prenez votre temps pour construire les armes de Kay, améliorer ses outils et vous immerger pleinement dans ce vaste monde. Que vous vous lanciez dans des quêtes secondaires, que vous recherchiez des matériaux ou que vous créiez des améliorations, c'est le moment idéal pour vous préparer aux tâches à venir.

La base de votre braquage étant désormais établie, l'espace est à vous pour explorer et gouverner

Mission 10 : Le perceur de coffres-forts

Maintenant armée de l'ordinateur de navigation placé sur le Trailblazer, Kay peut explorer librement la galaxie à la recherche de membres d'équipage célèbres pour le braquage. La tâche Le perceur de coffres-forts se déroule sur Kijimi, où Kay doit traquer Ank, une grande perceuse de coffres-forts, tout en s'impliquant dans une guerre civile entre des groupes locaux.

Arrivée sur Kijimi

Après avoir terminé la tâche Hyperspace, vous êtes libre de vous rendre à Kijimi, Tatooine ou Akiva. La tâche Le perceur de coffres-forts commence sur Kijimi, alors choisissez-le comme emplacement et préparez-vous à atterrir. Pendant l'approche, ND-5 vous fournira quelques informations sur l'histoire du clan Ashiga, qui dirige le monde. Une fois que vous aurez atterri, une cinématique montrera qu'Ank, la perceuse de coffres-forts que Jaylen veut dans l'équipe, est profondément endettée envers le clan Ashiga. Pour faire monter Ank à bord, vous devrez l'aider à sortir de sa situation.

Après la cinématique, quittez le vaisseau et dirigez-vous vers l'ouverture de la ville. Ici, vous rencontrerez des membres du clan Ashiga, qui confondent Kay avec un membre de Crimson Dawn, un groupe rival. Cette discussion ajoute officiellement le clan Ashiga à votre liste de groupe, et à partir de maintenant, vous devrez surveiller votre position avec eux. Une fois que vous êtes prêt, continuez vers Kijimi, où Kay mentionnera d'aller à la cantine pour recueillir des informations sur l'endroit où se trouve Ank.

Trouver Ank

Une fois à Kijimi, suivez le marqueur de tâche jusqu'à la cantine, indiquée par un énorme panneau circulaire rouge vif et orange. À l'intérieur, dirigez-vous vers le bar et parlez au barman, qui vous dit qu'Ank a été capturé par le clan Ashiga et travaille maintenant dans l'un de leurs ateliers.

Après un bref appel avec ND-5, vous devrez entrer sur le territoire du clan Ashiga pour pirater un ordinateur et découvrir où Ank est détenu. Dirigez-vous vers les limites du territoire, où vous rencontrerez une zone hautement gardée. Pour éviter une rencontre directe, faufilez-vous dans un trou dans le mur près du point de la carte.

Une fois à l'intérieur, passez devant des caisses et montez un escalier. En haut, accroupissez-vous derrière le mur et vous verrez le bâtiment mentionné par ND-5 avec des antennes radar sur le toit. Cependant, un garde du clan Ashiga bloque l'entrée. Pour dégager le passage, perchez-vous contre le mur de droite et sifflez pour attirer le garde. Une fois qu'il s'approche, éliminez-le discrètement.

Faites attention aux autres gardes proches, y compris un tireur sur le toit, lorsque vous entrez dans la maison. Une fois à l'intérieur, utilisez un Data Spike pour pirater la porte verrouillée sur votre gauche, puis continuez jusqu'à l'ordinateur. Piratez-le pour récupérer des données révélant la recherche du clan Ashiga pour un trésor volé par Crimson Dawn. Kay choisit de traquer le trésor et de l'échanger contre la liberté d'Ank.

Récupération de la relique

Quittez le quartier du clan Ashiga et dirigez-vous vers le quartier Thermal, où ND-5 vous dit de chercher le trésor. Le point de cheminement de l'histoire vous guidera jusqu'à la source, mais les gardes à la porte ne vous laisseront pas entrer. Cherchez un chemin sur le côté droit de la maison, faufilez-vous entre deux colonnes de glace et laissez-vous tomber dans un fossé en contrebas. Suivez l'évent au bout, qui vous mène à la cuisine de la source.

Après avoir pillé la cuisine, continuez à travers la porte et éliminez discrètement le garde devant vous. Frayez-vous un chemin à travers les deux portes sur la droite, où vous vous retrouverez dans une salle de prix de l'Aube écarlate. Repérez le trésor dans un conteneur protégé au centre de la pièce, mais l'atteindre ne sera pas facile.

Deux gardes de l'Aube écarlate sont postés dans le couloir, l'un se tenant près du mur et l'autre rôdant.

Attirez le garde immobile vers vous et abattez-le tranquillement, puis étourdissez le garde itinérant pour dégager la zone. Ensuite, coupez le panneau de sécurité pour désactiver les sirènes, puis descendez les escaliers.

Pour atteindre le trésor, vous devrez éliminer les derniers ennemis. Un garde marche sur le côté gauche de la pièce, tandis qu'un droïde monte la garde sur le trésor. Utilisez un tir paralysant pour neutraliser le garde humain survivant, puis détruisez le droïde à l'aide d'armes standard. Une fois la zone dégagée, interagissez avec le trésor pour le voler.

S'échapper de la source

Dès que vous récupérez le trésor, vous serez contraint de participer à une fusillade avec les troupes de Crimson Dawn. Utilisez la couverture et éliminez la première vague d'ennemis dans la cour, puis avancez vers le chemin de pierre au centre. Ici, vous trouverez un lance-roquettes qui peut infliger des dégâts importants à la deuxième vague de méchants.

Concentrez-vous d'abord sur l'élimination des ennemis non blindés et utilisez Nix pour récupérer des points de santé si nécessaire. Une fois les ennemis éliminés, ouvrez la porte à l'arrière de la place et entrez dans les bains. En chemin, Nix peut récupérer une boîte de ressources à travers une clôture. Après les avoir récupérées, continuez jusqu'à la salle de douche et entrez dans l'évent, qui vous ramène dans les rues de Kijimi.

Livraison de la relique

Avec le trésor en main, il est temps de retourner au clan Ashiga pour assurer la liberté d'Ank. Suivez le panneau de tâche jusqu'à la maison du clan, où Kay convaincra les gardes de la laisser parler à la reine. Entrez dans la salle du trône pour lancer une cinématique, dans laquelle Kay conclut un accord avec la reine du clan Ashiga. En échange du trésor, Ank sera libérée et votre Les liens avec le clan Ashiga vont s'accroître.

La liberté d'Ank étant assurée, la tâche du perceur de coffres-forts se termine, vous rapprochant un peu plus de la constitution de votre équipe pour le braquage final.

Mission 11 : Procédure pas à pas de l'armurier

Après avoir terminé la tâche du Casse-coffre, Kay est immédiatement appelée dans une courte quête appelée Armurier. Cette tâche se concentre sur l'amélioration de son arme, lui permettant de la changer avec un nouveau mode de tir qui améliorera ses compétences de combat.

Rencontre avec ND-5

La quête de l'armurier commence lorsque ND-5 appelle Kay et lui demande de le rencontrer à la station de réparation d'armes à feu dans le Trailblazer. Dirigez-vous vers le bureau, où ND-5 vous attendra. Lorsque vous lui parlerez, il vous dira qu'il a des pièces pour mettre à jour votre arme avec un nouveau mode de tir. Cette mise à jour s'appelle le module Bolt, qui permettra à Kay de tirer des balles puissantes avec son arme.

Mise à niveau de votre blaster

Une fois la discussion terminée, interagissez avec le bureau. Cela ouvrira l'écran de mise à niveau de l'arme, où vous pourrez ajouter différentes pièces pour votre arme. Accédez à l'onglet Modules, puis faites défiler jusqu'à la zone Alimentation. Vous y trouverez le package de configuration Bolt, qui peut désormais être chargé.

Sélectionnez l'option Bolt et la mise à jour sera terminée. Ce nouveau module ajoute la possibilité de tirer des boulons explosifs avec votre blaster, ce qui en fait un outil beaucoup plus puissant au combat. La tâche d'armurier sera officiellement terminée une fois l'installation terminée.

Utilisation du module Bolt

Maintenant que le blaster de Kay a été mis à jour, vous pouvez passer au module Power en pointant votre blaster et en maintenant le bouton TRIANGLE sur PlayStation, le bouton Y sur Xbox ou en appuyant sur la touche 3 sur PC. Cela fera passer l'arme en mode Bolt.

La configuration Bolt permet à Kay de tirer avec des armes explosives puissantes qui explosent à l'impact, causant des dégâts importants aux ennemis. Bien que les boulons soient parfaits pour éliminer des groupes d'ennemis ou causer de lourds dégâts à des ennemis plus forts, il existe des compromis. Ils ne peuvent pas être tirés dans un ordre rapide et une utilisation fréquente entraînera une surchauffe rapide de l'arme.

Le module Bolt est une amélioration très efficace qui peut donner à Kay un avantage dans les combats les plus difficiles, mais il est important de gérer son utilisation avec précaution pour éviter la surchauffe de l'arme.

.

Mission 12 : Breakthrough

La mission Breakout commence après que le blaster de Kay a été amélioré dans Gunsmith et qu'une alliance avec le clan Ashiga a été formée. Afin de sauver Ank, Kay doit aider Krisk à organiser une évasion tout en évitant les engagements hostiles et en trouvant des sites importants.

Rencontrez Krisk

La fille de la reine Ashiga, Krisk, vous contactera lorsque vous aurez terminé Gunsmith. Elle vous invitera à la rencontrer au bar de la mission The Safecracker à Kijimi, le réfectoire Domak. Pour une cinématique, allez à l'arrière du pub et montez les escaliers jusqu'à la section VIP. Kay rencontre Krisk et Qi'ra de Crimson Dawn, qui lui font part de leur intention de renverser la reine Ashiga. Ils donnent à Kay une carte-clé qu'elle peut utiliser pour entrer dans l'usine d'armes et libérer Ank.

Après la réunion, Kay reprend le commandement et il est temps d'aller à l'usine d'armes.

Arrivée à l'usine d'armement

Pour franchir les portes, suivez le marqueur de quête jusqu'à l'usine, où les soldats de Krisk vous attendront. Entrez, montez à bord du speeder facilement accessible et descendez le tunnel jusqu'à ce que vous arriviez à une partie qui s'est effondrée, vous obligeant à continuer à pied.

Vous atteindrez le périmètre de l'usine en passant par l'ouverture dans le mur à votre droite, puis par une fissure dans la pierre.

Entrée par effraction dans l'usine

Krisk vous contactera lorsque vous vous rapprocherez de l'usine, vous alertant des gardes hostiles qui tireront à première vue. La première chose que vous devez faire est de vous retourner et de vous agripper à un espace lorsqu'un robot en patrouille vous tourne le dos. Une fois que vous avez atterri, cachez-vous derrière les caisses et attendez que le robot passe avant de continuer.

Montez une série de pipelines qui mènent à un puzzle de ventilateur. Pour éviter d'être piégé dans les ventilateurs en rotation, vous devez chronométrer précisément vos mouvements. Vous tomberez sur une caméra et deux gardes après être passé. Utilisez des éliminations furtives pour éliminer les gardes et chronométrez le mouvement de la caméra pour passer devant. Ouvrez la porte et obtenez un accès officiel à l'usine en utilisant la carte-clé.

Localiser Ank

Entrez et naviguez jusqu'à une grille jaune et plusieurs tuyaux jusqu'à un ventilateur cassé. Traversez et descendez jusqu'à une chambre équipée d'un générateur. Sautez par-dessus, montez sur d'autres tuyaux et saisissez un coffre dans la passerelle. Éliminez un garde à côté d'une fenêtre en descendant par une trappe dans un tuyau et en le suivant. Ci-dessous, vous pouvez voir Ank recevoir une réprimande d'un soldat.

Escaladez la grille adjacente pour entrer dans la zone, qui est composée de ventilateurs rotatifs et d'un certain nombre de plates-formes. Pour continuer, utilisez Nix pour appuyer sur un bouton qui désactive deux des ventilateurs. Vous finirez par descendre dans un trou et arriverez à Ank.

Localisez le charme de chance d'Ank

Ank dit qu'elle doit récupérer ses affaires mais qu'elle fabrique une bombe. Rendez-vous dans le vestiaire, où un droïde en patrouille et six gardes vous attendent. Déplacez-vous au-dessus des étagères pour échapper à la surveillance, utilisez un conduit d'aération pour passer devant certains gardes et éliminez-en d'autres en vous mettant à couvert. Déverrouillez la porte du vestiaire et désactivez le robot. Retirez le garde, fouillez le coffre et retirez le porte-bonheur d'Ank du rebord à l'intérieur.

S'éloigner de l'atelier d'armes avec Ank

Une fois que vous avez obtenu le porte-bonheur d'Ank, prenez le chemin qu'Ank a emprunté pour s'échapper. Pour activer un rail, tirez sur un nœud d'alimentation. Ensuite, utilisez des caisses pour combler un vide. Lorsque les gardes et les droïdes vous empêchent de vous échapper, utilisez la furtivité ou le combat et utilisez Nix pour dévier les ennemis et déclencher des explosions.

Pour dégager le chemin d'Ank, faites exploser un autre nœud d'alimentation après être arrivé à une plate-forme de maintenance. Montez quelques rebords, éliminez d'autres adversaires et retrouvez finalement Ank. Elle refusera la position de Canto en faveur de l'élimination du clan Ashiga.

Maintenant qu'Ank est libre, quittez l'usine pour terminer la tâche. La prochaine tâche que vous devez accomplir est d'aider Ank à terminer sa mission à The Hive.

Mission 13 : La Ruche

Kay est entraînée dans la prochaine mission de Qi'ra, le coup d'État du clan Ashiga, après la libération spectaculaire d'Ank lors de l'opération Breakout. Kay intervient et se lance dans le conflit car Ank ne veut pas aider à la tâche de Canto tant que son travail avec Qi'ra n'est pas terminé.

Entrée dans le château d'Ashiga

Qi'ra contacte Kay après avoir quitté l'usine d'armes pour l'informer de la nouvelle tâche. Retournez à Kijimi et allez sur le territoire du clan Ashiga en suivant le marqueur de mission. Après votre arrivée, ouvrez le volet pour voir Ank et Qi'ra exposer la stratégie : Kay doit entrer dans la zone, faire un trou dans le mur du château et désactiver les tourelles.

Une fois que vous avez repris le contrôle, traversez l'ouverture dans le mur. Avancez dans les tunnels gelés sous la forteresse jusqu'à ce que vous arriviez à une grande grotte sur votre gauche qui abrite deux énormes générateurs. Lorsque le sentier se divise, marchez à gauche et revenez après avoir pris le bon chemin pour obtenir des ressources. Grimpez sur le mur de la falaise escaladable et passez par une séquence de grappins et d'escalades jusqu'à une chambre dotée d'un ventilateur qui est parfois actif. Réfléchissez bien à vos pas lorsque vous escaladez les murs et les tuyaux pour localiser le point de brèche.

Faites un trou dans la forteresse d'Ashiga avec les explosifs qu'Ank vous a fournis.

Désactivation de la tourelle

Dès que vous entrez dans la forteresse, vous rencontrerez une opposition. Tuez le soldat alors qu'il arrive au virage, puis entrez dans la chaufferie et traversez la zone jusqu'à un panneau de contrôle. Une fois que vous avez traité les gardes en secret et utilisé Nix pour désactiver les caméras et pirater les terminaux, vous devrez désactiver trois nœuds d'alimentation disséminés dans toute la zone afin de traverser une barrière énergétique. Après avoir détruit les nœuds et piraté le terminal derrière la barrière maintenant abaissée pour désactiver les tourelles, utilisez Nix pour faire tomber les échelles et garder les volets ouverts.

Ank appelle Kay avec une stratégie révisée après avoir désactivé les tourelles : allez dans la chambre cryogénique et récupérez le brin d'origine. Parcourez la forteresse ennemie tout en évitant les vagues d'adversaires, tels que les droïdes et les guerriers Ashiga. Pour réduire leur nombre, utilisez les armes environnementales, la dissimulation et les pouvoirs de Nix. Une fois la bataille terminée, utilisez la console centrale pour obtenir le brin d'origine, qui vous donne le pouvoir sur la ruche Ashiga.

Le destin du brin d'origine

Après le marqueur de mission, quittez la chambre cryogénique et entrez dans la salle du trône délabrée d'Ashiga après avoir obtenu le brin d'origine. Dans la cinématique qui suit, Krisk et la reine Ashiga se disputent sur ce qui arrivera au clan. Votre choix du destinataire du brin d'origine aura une grande influence sur votre position auprès du clan Ashiga et de Crimson Dawn.

Donnez le brin à Krisk
Krisk monte sur le trône du clan Ashiga, et Crimson Dawn améliore considérablement votre réputation. Vous continuez à entretenir des relations neutres avec le clan Ashiga.

Recevez le Strand de la reine Ashiga
Vous obtenez une grande faveur auprès du clan Ashiga, et la reine continue de régner sur eux. Mais à cause de votre tromperie, la position de Crimson Dawn à vos côtés décline.

Vous prenez votre décision, Ank devient membre de votre équipe et vous êtes prêt à quitter Kijimi, vous préparant ainsi pour votre prochaine aventure.

Tatooine

Mission 14 : Le Heavy

Kay a réussi à placer l'ordinateur de navigation à l'intérieur du Trailblazer dans la mission Le Heavy, lui permettant de voyager à travers la galaxie. Sa prochaine destination est Tatooine, où elle espère enrôler le célèbre mercenaire Hoss dans son équipe en prévision d'un vol à venir. Mais avant de pouvoir convaincre Hoss, elle doit aider un groupe de pillards Tusken à récupérer un trésor inestimable.

Arrivée sur Tatooine

Lorsque vous êtes prêt à trouver Hoss, téléportez-vous sur Tatooine. Lorsque vous y arrivez, un combat fait rage entre le cartel des Hutts et des pirates. Vous pouvez arriver immédiatement sur Tatooine ou choisir de combattre les pirates à la place. Après l'atterrissage, une cinématique montrera Kay, ND et Jaylen en train de parler de Hoss, le mercenaire expert qui pourrait être utile pour le vol.

Apprendre à connaître le shérif Quint

Sortez du Trailblazer et prenez votre speeder en direction d'une petite ville voisine après la cinématique. Vous découvrirez que le village est étrangement vide pendant que vous explorez. Le shérif Quint sera bientôt devant vous, allongé sur un mur en face de la taverne locale. Elle vous dit que Hoss a une récompense sur sa tête et que les hommes de main de Jabba le recherchent.

Quelques voyous de Jabba tentent de vous attaquer pendant votre conversation, mais Quint les envoie rapidement. Quint vous appelle dans son bureau et vous informe que Hoss a été repéré pour la dernière fois dans une ferme d'humidité à proximité après que vous ayez éliminé deux autres voyous par vous-même.

Examen de la ferme d'humidité

Appelez votre speeder et traversez le désert pour atteindre la ferme d'humidité en suivant le point de cheminement. Méfiez-vous des Massifs qui sécurisent la zone dès votre entrée. Après avoir traité avec eux, cherchez des indices sur l'endroit où se trouve Hoss dans la ferme d'humidité. Pour accéder à la chambre du générateur, utilisez Nix pour ouvrir un volet et chargez un nœud avec votre blaster ionique. Allumez le générateur pour rétablir l'électricité afin de pouvoir continuer votre enquête.

Lorsque vous utilisez à nouveau l'électricité, vous découvrirez un homme décédé en possession d'un transpondeur qui indique où se trouve Hoss. Prenez soin de piller la zone pour trouver des fournitures et des ressources avant de quitter la ferme d'humidité.

Localiser Hoss

Maintenant que vous avez le transpondeur, il est temps de trouver Hoss. Suivez le signal du transpondeur jusqu'à un landspeeder détruit à côté d'opportunités potentielles d'escalade. Montez le sentier jusqu'à ce que vous arriviez à un Tusken Raider debout paisiblement à distance. En montant plus loin, vous arriverez à un petit canyon où les Tusken Raiders vous attaqueront et vous entraîneront jusqu'à leur camp.

Vous finirez par localiser Hoss, qui est retenu, dans le camp. En échange de la découverte d'une perle de dragon Krayt volée dans une grotte de bandits à proximité, les Tusken Raiders promettent de le libérer.

Localiser la perle du dragon Krayt

Une fois que vous aurez atteint la grotte des bandits en suivant le point de cheminement, vous rencontrerez des Massifs et de nombreux autres adversaires bien armés. Vous avez deux options : affronter les gardes de front lors d'une fusillade ou vous faufiler entre la plupart d'entre eux. Montez à travers les tunnels et les murs rocheux pour obtenir la perle tout en vous faufilant dans la grotte et en utilisant Nix pour vous aider à éliminer les adversaires.

Après avoir obtenu la perle du dragon Krayt, sortez doucement de la grotte en gardant un œil sur les gardes qui traînent. Une cinématique se déroulera lorsque vous sortirez de la grotte, montrant Kay échanger la perle contre la liberté de Hoss. Maintenant que Hoss est libre, il vous invitera à le rencontrer à Mos Eisley, ce qui lancera la tâche des partenaires.

En plus de présenter Hoss, un membre essentiel de l'équipe de Kay, cette mission offre des informations intéressantes sur la nature de Tatooine, ses déserts sans loi et l'influence significative des Hutts. Maintenant que vous avez la confiance de Hoss, vous pouvez aller de l'avant et tout préparer pour le casse.

Mission 15 : Partenaires

Arrivée à Docking Bay 94

Maintenant que Hoss fait partie de l'équipage, vous pouvez quitter Tatooine et vous diriger vers Mos Eisley. Faites de « Partenaires » votre mission actuelle, puis rendez-vous à Docking Bay 94. Après un court délai, Hoss est introuvable. Kay appelle ND pour organiser la prise en charge de Hoss à son arrivée.

Entrée par effraction dans le palais de Jabba

Hoss, qui joue à la cantina de Mos Eisley, appelle Kay peu de temps après. Suivez le marqueur d'objectif jusqu'à la cantina, puis profitez de la cinématique pendant laquelle Hoss échange Nix pour payer ses dettes dans un geste impulsif. Vous reprenez le contrôle lorsque Kay est assommé et vous découvrez que Jabba le Hutt a acheté Nix. Kay choisit de lui venir en aide.

Pour atteindre un tunnel qui mène à une entrée cachée du palais de Jabba, suivez le marqueur de quête à l'extérieur de Mos Eisley. Il y a des falaises à escalader, des gouffres à franchir et des gardes à éviter.

Fouiner

Vous devrez faire face à plusieurs gardes en silence à mesure que vous vous rapprochez du palais. Éliminez les soldats solitaires et cachez-vous derrière les murs et les rebords. Pour inciter les adversaires à battre en retraite, sifflez, montez sur des tourelles et restez sur les petites routes.

Dans le palais, l'évasion persiste. Naviguez prudemment le long des routes de patrouille et au-delà des gardes gamorréens, qui sont trop puissants pour être affrontés de front. Lorsque cela est possible, faufilez-vous devant eux et évitez certaines sections en utilisant les conduits d'aération pour éliminer les gardes solitaires.

Localiser Nix

Vous parvenez finalement à la zone de stockage où Nix est hébergé après beaucoup de furtivité. Mais d'abord, une carte-clé est nécessaire. Utilisez les conduits d'aération pour contourner les mouvements d'un garde et de ses escortes gamorréennes pendant que vous les suivez à travers le palais pour récupérer la carte-clé. Déverrouillez la salle de stockage en y retournant, puis passez par les puits de ventilation jusqu'à la ménagerie, où se trouve Nix.

Sortir du palais

Kay et son groupe sont appréhendés et envoyés dans la fosse du Rancor après que Nix ait été libéré. Vous devrez parcourir les couloirs du palais tout en éliminant les ennemis pendant que vous combattez des vagues de voyous Massifs et Hutt. Lorsque Kay parvient au hangar, un combat de boss culmine avec l'apparition d'un Rancor.

Combat de boss Rancor

Le Rancor se balance d'avant en arrière, se précipitant sur Kay et utilisant des coups de mêlée. Utilisez des barils explosifs pour attirer le Rancor et tirez dessus pour le renverser afin de lui infliger des dégâts. Les voyous Hutt émergent après deux assauts réussis à travers la porte du hangar ; battez-les pour préparer la dernière étape.

Donnez à Nix l'ordre de détourner l'électricité du Rancor et de la diriger vers un terminal. Dès que les barils commencent à tourner, choisissez une position qui fera entrer le Rancor en collision avec l'un d'eux et lancez la dernière explosion. Kay sort du hangar après que le Rancor ait été vaincu après un troisième impact avec la porte. Après que les troupes de Jabba aient repris Kay et son équipage, la faveur de Jabba devient le prochain objectif.

Mission 16 : La faveur de Jabba

Jabba capture Kay après qu'elle ait sauvé Nix et vaincu un Rancor dans la tâche Partenaires. Kay accepte l'offre de Jabba en échange de sa liberté : elle doit acquérir des données d'une installation impériale. Voici une procédure détaillée pour terminer la tâche La faveur de Jabba.

À l'extérieur de Fort Sunfire

Kay et Vail négocient avec Jabba puis quittent son château pour décider comment répondre à sa demande. Lorsque Kay va téléphoner à Jaylen, Vail l'intercepte et lui dit qu'ils doivent pénétrer dans l'avant-poste impérial Fort Sunfire et qu'il y a un point de reconnaissance à l'extérieur.

Pour vous rendre au point de cheminement, désignez « La faveur de Jabba » comme votre quête actuelle et invoquez votre speeder. Vous suivrez le chemin qui monte sur une pente qui mène à l'entrée de la base impériale. Cherchez un mur rocheux escaladable sur votre droite en montant. Descendez de votre speeder, escaladez le mur et hissez-vous en haut à l'aide du grappin au sommet. Vail se trouve dans une petite prairie accessible en suivant la route de la falaise.

Entrée dans le quartier général impérial

Parler à Vail déclenchera une cinématique dans laquelle elle vous expliquera que vous allez vous faufiler à l'intérieur de la base pendant qu'elle fait une reconnaissance. Une fois la conversation terminée, tournez à droite et suivez le chemin de terre jusqu'à une jonction de deux sentiers. Sélectionnez celui montré sur l'image et montez le mur rocheux abrupt.

Vous pouvez descendre en rappel jusqu'à une plate-forme occupée par deux gardes en utilisant le point d'accrochage devant vous. Un stormtrooper en patrouille et un officier impérial sont là sur la plate-forme, travaillant sur un ordinateur. Approchez-vous furtivement de la plate-forme, en suivant les cases sur le côté droit. Donnez à Nix l'ordre d'attaquer et d'éliminer le stormtrooper une fois que vous avez attendu qu'il traverse le pont. Une fois le dernier stormtrooper éliminé, passez par la porte ouverte.

Localisation des informations de Jabba

Cherchez un garde impérial sur votre droite à l'intérieur de la base. Après les avoir éliminés, sortez par la porte au bout du couloir. Il y a une barrière d'énergie dans la chambre en dessous, et un pont qui l'enjambe.

Cachez-vous sous les caisses du pont et donnez à Nix l'ordre d'appuyer sur un bouton sur une passerelle voisine. Une boîte suspendue à la balustrade la traversera ; montez pour monter la boîte jusqu'à la barrière d'énergie. Continuez après avoir piraté le terminal à côté de la barrière pour l'ouvrir.

Éliminez la garde impériale d'un terminal et le stormtrooper qui travaille sur un panneau à l'intérieur. Entrez dans l'évent mural à gauche de l'emplacement du stormtrooper après vous être occupé d'eux. Il vous mènera à une salle de maintenance. Suivez le chemin jusqu'à un ventilateur après avoir escaladé les grilles jaunes. Lorsque le ventilateur est éteint, traversez-le et montez jusqu'à la passerelle supérieure.

Procédez par l'évent jusqu'à une chambre équipée d'une cage d'escalier. Montez les escaliers, en évitant les détours, et entrez dans le couloir au sommet. Un stormtrooper en patrouille doit être évité ; attendez qu'il passe avant d'attaquer. Piratez un modeste terminal de bureau pour déverrouiller une porte qui mène à la salle de données et éteignez une caméra.

Il y a deux gardes impériaux dans la salle de données. Pendant que l'autre se déplace entre les terminaux latéraux, le premier reste immobile, travaillant sur un terminal central. Avant de vous adresser au garde stationnaire, attendez que le garde itinérant s'arrête avant de l'éliminer. Coupez le terminal central pour obtenir les informations de Jabba une fois les deux tombés. Il y aura une cinématique dans laquelle Vail affronte un agent de Zerek Besh.

S'échapper de la forteresse impériale

Il est temps de partir après la cinématique. Dirigez-vous vers la porte en face de la console. Au bout du couloir, des ennemis émergeront ; cachez-vous derrière une boîte et détruisez-les. Pour dépasser une escouade de stormtroopers de taille conséquente sur un pont, prenez une arme blaster sur un soldat abattu.

Après avoir éliminé tous les attaquants avec vos balles de fusil blaster restantes, utilisez votre blaster pour vous occuper d'autres adversaires. Utilisez le mode ion pour passer les boucliers énergétiques si vous en avez. Continuez vers la gauche sur le pont et sortez par le grand volet. Suivez ce sentier jusqu'à ce que vous atteigniez Vail et votre speeder, en évitant les fonctionnaires impériaux et les stormtroopers le long du chemin.

Rendre les données à Jabba

Vail vous guidera hors de la base impériale ; suivez-la. À un point de contrôle pour les stormtroopers, restez derrière Vail et décollez par une rampe à droite. Peu de temps après l'atterrissage, des stormtroopers sur des speeders vous poursuivront. Suivez Vail et affrontez-les en utilisant Adrenaline Rush.

Vail manœuvrera autour de plusieurs barricades de stormtroopers et sur une autre rampe. Suivez les instructions de Vail et tournez à droite dans une caverne lorsque vous arrivez à un point de contrôle de barrière laser. Frayez-vous un chemin pour sortir de la grotte et éloignez-vous des stormtroopers qui vous poursuivent.

Vail finira par arriver à sa fin lorsque vous émergerez dans un canyon. Elle vous dira de rencontrer les hommes de main Hutt à Mos Algo. Continuez avec elle à l'intérieur de la colonie et dirigez-vous vers la maison avec l'insigne Hutt.

Surmonter l'assaut des Stormtroopers

Une cinématique détaillant l'avertissement de Bib Fortuna concernant le fait d'être suivi sera diffusée lorsque vous frapperez à la porte. À grande échelle L'arrivée des stormtroopers est imminente.

Une fois que vous avez repris le contrôle, cachez-vous derrière des caisses. Pour vous débarrasser efficacement des stormtroopers, utilisez des barils explosifs. Dans les caisses à proximité, sortez un fusil laser et visez des tirs à la tête. Envoyez Nix pour localiser d'autres armes et fioles de bacta si nécessaire. Lorsque l'adrénaline est disponible, utilisez-la ; sinon, passez en mode ionique pour vous occuper des ennemis armés de boucliers.

Une fois que vous aurez traversé quelques vagues, ND apparaîtra dans une cinématique pour vous aider. La tâche se termine une fois la cinématique terminée et vous pourrez vous rendre sur une nouvelle planète.

Akiva

Mission 17 : Le forgeron de droïdes

Kay arrive à Akiva pour cette mission avec l'intention d'enrôler Gedik, son ancien compagnon, dans un vol légendaire. Voici comment terminer efficacement la quête.

Atterrir sur Akiva

Après être entré dans le système Akiva, faites atterrir le Trailblazer au port spatial de Myrra. Une cinématique avec ND et Kay parlant de Gedik se déroulera. Une fois la mission terminée, descendez du bateau et vous arriverez à Myrra City.

ND vous dira de trouver un habitant du coin nommé Surat Nuat, qui pourrait tout savoir sur Gedik. Bien que Surat ait la réputation d'être distant, si Gedik est actif sur Akiva, Surat sera au courant de son emplacement.

Rencontre avec Surat Nuat

Vous serez guidé vers la cantine de l'Alcazar par votre marqueur de tâche. Entrez dans la cantine et dirigez-vous vers le bar. Demandez au barman de vous indiquer la direction du bureau de Surat.

Dirigez-vous vers la porte qui mène au bureau de Surat. Kay appellera Jaylen, qui lui conseille d'utiliser des épices comme monnaie d'échange. En entrant dans le bureau, Surat Nuat vous sera présenté. Ses choix de décoration inhabituels, comme l'utilisation du cadavre congelé de son frère dans de la carbonite comme table, offrent une atmosphère engageante pour la discussion. Gedeek collabore avec l'Empire dans une base impériale, selon Surat.

Pénétration dans la base impériale

Maintenant que l'endroit où se trouve Gedik est connu, quittez la cantina et rendez-vous à la base impériale. Appelez votre speeder et trouvez le point de cheminement à la base.

Une fois sur place, descendez de votre speeder et montez la crête en bas pour un excellent point de vue. De là, contournez les défenses de la base en naviguant sur les falaises et les plates-formes, en descendant un chemin boueux et en vous balançant au-dessus d'une cascade à l'aide d'un grappin.

Localisation de Gedik

Après être entré dans la base, évitez une caméra fixe et éliminez furtivement deux stormtroopers. Libérez trois autres gardes et entrez dans un laboratoire sans déclencher l'alarme. Parcourez le laboratoire pour localiser un ascenseur turbo, puis piratez une console pour éteindre une caméra.

Utilisez l'ascenseur et descendez dans la salle de maintenance. Naviguez dans la zone à l'aide d'un point de grappin, restez hors de la ligne de tir de la tourelle et contournez-la en appuyant sur un bouton qui libère une barrière énergétique.

Contourner la tourelle

L'un des principaux obstacles de la pièce est la tourelle. Évitez d'avoir des lignes de vue directes avec la tourelle lorsque vous vous déplacez d'un abri à l'autre. Pour avancer, utilisez des caisses et des barrières et demandez l'aide de Nix pour désactiver la barrière énergétique.

Retour sur le chemin de Gedik

Après avoir désactivé la tourelle, rendez-vous dans l'atelier de Gedik. Après un débat houleux, une cinématique se déroulera dans laquelle Gedeek accepte de se joindre à la mission. Gedeek demandera de l'aide pour une tâche avant de partir.

Sortez par la porte récemment déverrouillée et vous entrerez dans un laboratoire. Utilisez les armes améliorées et les barils explosifs de Nix à votre avantage pour vaincre vos ennemis. Sortez en évitant les stormtroopers et les soldats impériaux tout au long du chemin, et en escaladant les échelles et les passerelles.

Sortir de la base impériale

Une fois de retour sur le chemin près de la cascade, chassez les stormtroopers. Pour revenir au point de vue initial, utilisez les points de grappin. L'opération est maintenant terminée et la prochaine tâche de Gedik, à savoir améliorer votre speeder pour la mission Viper, est décrite.

Alors que vous vous préparez à améliorer votre speeder pour les tâches à venir et à embaucher The Scavenger, préparez-vous pour votre prochaine étape.

Mission 18 : Le charognard

Après avoir libéré Gedik de la base impériale, Kay prendra contact avec elle pour terminer la tâche décrite dans la quête Le forgeron de droïdes. Kay doit équiper son speeder d'un hydro-répulseur pour qu'il puisse rouler sur l'eau afin d'aider Gedik. Ce didacticiel vous aidera à localiser Temmin, à obtenir les composants requis et à terminer la quête.

Localiser Temmin

Trouver le copain de Gedik, Temmin, qui peut vous aider avec l'hydro-répulseur, est la première étape du processus. Accédez à l'onglet Intel Expert après avoir ouvert votre journal. Sélectionnez Le charognard comme mission actuelle en trouvant les informations sous l'onglet Akiva. La famille de Temmin aura désormais un point de cheminement sur votre carte.

Rendez-vous à la colonie de Sashin dans les contreforts est de Karaba. Lorsque vous vous rendez sur la place de la ville, vous verrez deux femmes derrière une caisse devant un pub rempli de musique forte. Écoutez-les discuter des problèmes de Temmin. Posez-leur des questions sur Temmin lorsque vous les connaîtrez après leur conversation. Temmin est dans son atelier de ferraille, ce qui sera noté sur votre carte, ils vous le diront.

Comment trouver Temmin

Maintenant que vous savez où se trouve Temmin, allez à son atelier de ferraille, qui se trouve sur le sentier qui mène à la base impériale à l'ouest du mont Selasa. Lorsque vous arrivez au point de cheminement, avancez avec prudence vers l'atelier.

Il y aura des coups de feu, ce qui signifie que des criminels tentent de s'introduire par effraction. Cinq adversaires sont présents : un garde et un droïde attaquant l'entrée, deux gardes encerclant les marches sur les côtés gauche et droit du porche de l'atelier. Tout d'abord, retirez les gardes de la cage d'escalier. Après les avoir éliminés, mettez-vous à couvert, visez un tir paralysant sur le garde qui attaque la porte et éliminez le droïde rapidement en lui frappant la tête. Interagissez avec la porte pour parler à Temmin une fois les cinq ennemis éliminés.

Localisation du navire de Surat

Temmin vous fera remarquer pendant la discussion que l'hydro-répulseur finira par tomber en panne et que des supports en duracier sont nécessaires pour le rendre permanent. Ces supports sont situés dans un navire de Surat qui est tombé sur une île en aval.

Kay décide de se séparer des supports. Afin d'aller sur l'île, de récupérer les supports en duracier et de les ramener, elle demande à Temmin d'attacher temporairement l'hydro-répulseur. Naviguez jusqu'à la rivière avec l'hydro-répulseur de votre speeder connecté, puis traversez-le en flottant sur l'eau.

Vous devez découvrir l'épave du navire de Surat, qui est située sur une île. Bien qu'elle soit indiquée sur votre carte, l'emplacement précis n'est pas noté. Il y a une rampe sur le côté nord de l'île où vous arriverez. Vous pouvez atteindre l'île principale en conduisant votre speeder sur la rampe et en atterrissant sur une route qui mène à une autre rampe.

Descendez de votre monture et escaladez le mur devant vous. Regardez par-dessus bord pour voir des sections de l'épave et les hommes de Surat naviguant dans des zones restreintes. Balancez-vous vers le rebord devant vous en utilisant le point d'accrochage que vous avez trouvé ci-dessus.

Après l'atterrissage, descendez dans la région en contrebas en suivant le sentier. Les itinéraires sont minuscules et les gardes sont difficiles à remarquer, alors allez-y avec prudence. Attendez qu'un garde entre dans une clairière et éliminez-les. Il y aura un autre garde derrière eux ; manipulez-les de la même manière. Cherchez une ouverture souterraine d'où sortent des fils, puis utilisez les sens de Nix pour trouver un garde en patrouille à l'intérieur. Lorsque le garde se retourne, éliminez-le.

Pour accéder au vaisseau de Surat, cherchez un trou dans le mur où le garde était posté. Le vaisseau décolle maintenant, cependant. Utilisez la rampe située à l'arrière du lieu d'atterrissage pour suivre le vaisseau spatial pendant que vous appelez votre speeder et le poursuivez.

Suivi du vaisseau de Surat

L'hydro-répulseur commencera à faire des bruits étranges et se libérera pendant que vous suivrez le vaisseau spatial de Surat. Suivez le navire à travers l'île en restant derrière lui. Il finira par survoler une montagne. Entrez dans la grotte au pied de la montagne. Temmin vous contactera pour vous informer que vous ne pouvez plus planer au-dessus de l'eau car le répulseur hydraulique est cassé.

Quittez la grotte et allez au lieu d'atterrissage du navire en suivant l'itinéraire mis à jour. Il y a une grande arche de pierre qui mène à la plateforme d'atterrissage du navire de Surat.

Les jambes de force en duracier

Descendez de votre speeder et penchez-vous près de la porte. Gardez un œil sur un garde en patrouille, puis attendez qu'il se retourne avant de vous rapprocher d'un mur de pierre bordant la vaste herbe. Vous pouvez soit vous faufiler furtivement à travers, soit vous déplacer violemment. Déplacez-vous dans les hautes herbes sur le côté droit de la zone et attendez que les deux gardes sur la passerelle inférieure se détournent afin de faire une approche furtive.

Pour atteindre la position du sniper, escaladez le mur de pierre en ruine. Attendez que le tireur d'élite s'éloigne de la voie ascendante, puis montez et éliminez-le. À l'aide d'un grappin, balancez-vous jusqu'à la piste d'atterrissage depuis le perchoir.

Un garde et un Massif sont postés à l'entrée de la piste d'atterrissage, et un autre garde marche derrière le vaisseau. Après avoir neutralisé le garde derrière le vaisseau avec un tir paralysant, attendez que le garde avec le Massif quitte la zone. Lorsque la voie est libre, prenez les entretoises en duracier en rampant jusqu'au vaisseau et en ouvrant le conteneur.

Reprendre les entretoises en duracier

Revenez sur vos pas et quittez silencieusement les lieux tout en tenant les entretoises en duracier. Voyagez rapidement ou en voiture jusqu'à Myrra. Là, dans l'atelier de speeder, vous trouverez Temmin. Lorsque vous le localiserez en suivant le panneau de quête, il vous sera reconnaissant de l'avoir sauvé. Après cela, Temmin installera définitivement l'hydro-répulseur sur votre speeder et le fixera avec des entretoises en duracier. Maintenant que cette amélioration est terminée, vous pouvez aider Gedeek et commencer la quête Viper.

Mission 19 : Viper

Après avoir terminé la quête Expert Scavenger et obtenu la mise à niveau de l'hydro-répulseur pour notre speeder, nous devrions nous réunir avec Gedik pour finaliser les détails. Même s'il s'agit d'un objectif secondaire, avant de continuer, assurez-vous d'avoir terminé l'objectif Expert Scavenger et obtenu la mise à niveau de l'hydro-répulseur.

La scène du crash

Maintenant que le speeder a été mis à jour, choisissez « Viper » comme quête actuelle et rendez-vous au point de passage de Karaba Foothills. Lorsque vous y arrivez, une grande clairière se trouve devant vous, avec un vaisseau spatial détruit au milieu. Une cinématique commence lorsque vous descendez dans la zone et vous approchez du vaisseau.

Combat contre le boss du droïde serpent

Une fois la séquence terminée, le robot Viper de Gedik chargera et commencera à vous tirer dessus tout en brandissant un bouclier. Frappez d'abord la couverture la plus proche. Ce sera nécessaire ! Abattre le bouclier puis déchaîner toute votre puissance sur le droïde est la clé pour gagner cette bataille. Visez le bouclier et entrez d'abord en mode explosion ionique. Pour faire des dégâts, passez en mode plasma dès que le bouclier se brise. Essayez de rester à couvert autant que possible ;

bien que ce droïde ne se déplace pas de manière imprévisible, il dispose d'une arme puissante.

Le droïde se retirera et appellera quelques droïdes de moindre envergure après que vous lui ayez retiré environ la moitié de sa santé. Pendant que les rebelles se joignent à vous, éliminez-les. Avec eux, concentrez-vous sur les hommes de main du Viper en sachant qu'ils vous soutiennent.

Pour le deuxième tour, le robot Viper fera son retour au centre. Le petit frit ne vous causera aucun problème jusqu'à ce qu'il commence à vous encercler. Laissez les rebelles s'occuper du reste et gardez votre attention sur ce Viper. Le droïde finira par tomber. Après cela, que Kay le veuille ou non, Gedik discutera de sa stratégie pour infiltrer une base impériale avec Kay et les rebelles.

Entrer dans la base impériale

Une fois de retour aux commandes, rendez-vous au parking de votre speeder en traversant le canyon. Entre Hunter's Canopy et Mount Selasa, roulez jusqu'au point de cheminement qui vous mènera à la base à côté d'un lac. Lorsque vous y arrivez, vous trouverez plusieurs tuyaux longeant le mur de pierre.

Sautez du speeder et entrez dans le tuyau jaune, mais n'oubliez pas d'activer l'évent au début du tuyau en faisant exploser le nœud rouge à la fin. Rampez dans l'évent et suivez l'itinéraire une fois qu'il est ouvert.

Obliger la grille de défense à la base

Il y a plusieurs gardes et énigmes à éviter lorsque vous faites le tour de la forteresse. Si nécessaire, utilisez Nix pour vous aider à détourner les adversaires, en particulier dans les endroits plus peuplés. Une fois que vous avez atteint le poste d'écoute, il est temps de désactiver la grille défensive et d'éliminer quelques gardes.

Rejoignez Gedeek après avoir éliminé les adversaires et éteint la grille. Il va élaborer un autre plan audacieux dans lequel vous reprogrammerez le robot Alpha Viper pour soutenir votre cause.

Le piratage du droïde Alpha Viper

Vous devez éliminer les Impériaux du laboratoire du droïde Viper afin que Gedeek ait de l'espace pour travailler. Par la suite, vous devrez percer une console afin de retirer le bouclier énergétique autour du droïde. Il n'y a rien de tel qu'une situation de survie classique lorsque l'alarme se déclenche. Il est de votre responsabilité de défendre Gedeek contre les stormtroopers qui approchent. Utilisez le terrain plus élevé et restez à couvert au niveau supérieur pour empêcher les stormtroopers de se faufiler.

Si Nix vous accompagne, utilisez-le pour obtenir des bouteilles de soins ou de munitions pendant que vous

vous concentrez sur la protection de Gedik. Après avoir surmonté trois (3) vagues ennemies, Gedik terminera le piratage du droïde. Il est temps de faire un raid sur le hangar et d'aider les rebelles dans leur fuite maintenant que les droïdes Viper sont de votre côté.

Soutenir les rebelles

Une fois que les droïdes Viper sont entrés dans la bataille, votre tâche principale est d'aider votre groupe. Pendant que vous récupérez et vous concentrez sur l'élimination des survivants, mettez-vous à l'abri et laissez les rebelles et les droïdes gérer la majorité des combats. Gedik rejoindra officiellement votre équipe à la fin de l'opération, après avoir résisté à trois séries de renforts.

Vous aurez gagné un ami précieux, mais les rebelles n'auront pas la tâche facile. Préparez-vous à un niveau de recherche impériale alors que vous vous préparez à entreprendre la prochaine tâche. Il est temps de partir pour une nouvelle mission spatiale et de découvrir où le récit vous mène.

Fin de partie

Mission 20 : Legacy
Les tâches Hive, Jabba's Favor et Viper doivent toutes être accomplies pour accéder à la dernière mission, Legacy. C'est le véritable objectif, et cela prépare le public au grand braquage.

La panne du ND-5

Lorsque vous entrez dans le cockpit de votre vaisseau spatial après avoir terminé toutes les tâches sur Tatooine, Akiva et Kijimi, un événement démarre. Alors que vous discutez de votre futur voyage, ND-5 rencontre un problème. Lorsque Gedik intervient pour inspecter le droïde, il vous dit que des composants rares qui se trouvent sur Akiva sont nécessaires pour réparer le ND-5.

Votre nouvelle mission consiste à localiser ces composants en allant voir Temmin, l'ingénieur speeder sur Akiva. Lorsque vous êtes prêt, atterrissez à Myrra. Avant de partir, assurez-vous de terminer tous les objectifs secondaires inachevés, car cette quête commencera automatiquement.

Apprendre à connaître Temmin (Legacy)

Kay, Gedik, ND et eux se rendent à l'atelier de Temmin depuis Myrra. Entrez dans l'atelier pour lancer une cinématique dans laquelle Temmin vous parle de l'ancienne base militaire des droïdes séparatistes et de la façon dont elle possède les pièces nécessaires pour réparer ND. C'est maintenant à vous de pénétrer dans cette base et de récupérer les pièces nécessaires.

S'aventurer dans les catacombes

Suivez Temmin jusqu'aux catacombes sous son laboratoire. Il ouvrira une porte qui vous permettra de descendre dans un réseau de tunnels. Il y aura des salles remplies d'eau, des passages qui ressemblent à des jungles et des ruines sombres dans ce segment.

Gedik remarquera un tuyau jaune traversant une arche à cet endroit. Au fur et à mesure, utilisez les matériaux qu'il vous fournit. Vous rencontrerez votre premier Venga hostile au fur et à mesure. À l'aide de votre blaster, sortez-le et continuez, en cherchant dans le prochain virage un autre Venga.

Lorsque vous arrivez à un mur symbolisé par une couleur orange, utilisez votre blaster en mode Power Shot et faites-le exploser. Après avoir traversé le trou, vous vous retrouverez devant une porte industrielle sans savoir où aller. Trouvez une crevasse dans le mur et rampez à travers elle.

Comment entrer dans l'usine séparatiste

Une fois que vous aurez dégagé un chemin, Gedik et ND vous poursuivront. Après être entré dans l'usine, Gedik commence à abattre une clôture pour se frayer un chemin. Vous devrez utiliser des points de grappin pour descendre une séquence de plates-formes après vous être accroupi. Continuez à les suivre jusqu'en bas, où un terminal vous attend.

Lancez les turbolifts en piratant le terminal. Pendant que Gedik et ND descendent, vous devrez repousser les vagues de Vengas qui sortent la tête des ouvertures des murs. Restez vigilant et maintenez votre position près de l'entrée de l'usine ou des portes de l'ascenseur, en contrôlant les deux côtés de l'espace.

Vous entrerez dans l'usine avec Gedik et ND une fois que les Vengas auront cessé d'attaquer.

Localisation de ND-5

Descendez le passage plus loin dans l'usine. Une fois de plus, ND tombe en panne et passe en mode transport, vous laissant utiliser uniquement Gedik. Kay se frayera un chemin à travers de nombreuses portes et clôtures en acier avec le coupeur de fusion de Gedik.

Il y aura des obstacles de traversée supplémentaires et des pièces de puzzle à résoudre, comme sauter par-dessus des plates-formes et briser plus de barres d'acier. Vous devrez utiliser Nix pour une variété de tâches pendant votre enquête, comme maintenir les volets ouverts et appuyer sur des boutons.

Vous traverserez un pont à un moment donné, et une énorme porte sera sur votre chemin. Pour avancer, descendez vers les grilles en dessous et suivez-les jusqu'à un ensemble de tuyaux qui vous mèneront à une plate-forme à l'extrémité de l'espace. Vous pourrez ainsi passer la porte fermée.

Dynamisation de la plante

Il y a un ventilateur devant vous qui obstrue votre route. Ouvrez un volet en utilisant Nix, puis tirez un nœud d'alimentation bleu à travers les lames rotatives. Rampez sous le ventilateur et montez par un puits de ventilation voisin une fois qu'il s'arrête.

Une fois que vous avez fini de piller l'endroit, utilisez un piratage de terminal pour déverrouiller la grande porte et laissez ND et Gedik revenir vers vous. Entrez dans le centre de l'usine, une gigantesque chaîne de production peuplée de droïdes de combat de la période de la Guerre des Clones.

L'échange final

Votre objectif principal est de remettre en ligne la chaîne d'assemblage des droïdes et de rétablir l'électricité une fois que vous êtes à l'intérieur de l'usine de droïdes. Cela déclenche le dernier conflit féroce avec une escouade de droïdes séparatistes. Alors que Kay et Gedik se battent contre des vagues successives de droïdes, vous devrez continuer à bouger et à utiliser toutes les ressources dont vous disposez, y compris les prouesses de piratage de Nix et ND.

Gedik finira par réparer ND-5 et le remettre en ligne après avoir abattu les droïdes et obtenu les composants nécessaires.

Finir l'héritage

Une fois que ND-5 sera complètement fonctionnel, vous rassemblerez votre escouade pour terminer la mission Legacy. Les détails cruciaux de l'intrigue sont révélés dans les dernières secondes de la mission, jetant les bases du point culminant de ce jeu passionnant. Dans Star Wars Outlaws, préparez-vous au grand vol qui sera la récompense de tous vos efforts.

Activation du premier générateur

Après la cinématique où ND entre à nouveau en stase, Kay devra mettre le courant pour faire monter le turbo-ascenseur.
Vous reprendrez le contrôle devant un trou dans la balustrade. Descendez sur le tapis roulant en contrebas et dépassez les droïdes devant vous, en sautant vers le tapis roulant suivant.

Déplacez-vous vers le côté gauche et descendez sur une plate-forme circulaire à côté. À votre droite, il y a une grille escaladable : escaladez-la et montez en utilisant les rebords pour atteindre une autre plate-forme circulaire au-dessus.

Une fois en haut, Kay mentionnera le terminal à sa gauche qui devrait activer le turbo-ascenseur, mais il n'a pas d'électricité. Un seul des trois générateurs fonctionne, votre objectif est donc de rendre les deux autres opérationnels. Dirigez-vous vers l'arrière de la plate-forme, balancez-vous au-dessus d'un point de grappin et atterrissez sur une autre plate-forme.

À l'arrière de cette plate-forme se trouve une grille jaune. Grimpez et utilisez-la pour atteindre la passerelle supérieure. De là, tournez à gauche pour repérer une autre grille jaune sous un tapis roulant de l'autre côté de l'espace. Sautez par-dessus, grimpez et utilisez les tuyaux pour atteindre le tapis roulant.

Conseil de pro : sur le tapis roulant, évitez les droïdes et passez sous le volet au bout. Si vous voulez récupérer des ressources, grimpez sur les rebords à droite derrière le volet avant de retourner au tapis roulant.

Sur le mur à droite du volet, il y a une unité avec des tuyaux sur lesquels vous pouvez sauter. Utilisez la tôle suspendue au tapis roulant comme point de saut pour sauter jusqu'aux tuyaux, puis montez jusqu'à la passerelle. Vous trouverez un conduit qui mène à une salle de surveillance. Passez à travers et utilisez l'échelle pour atteindre le rez-de-chaussée. Pillez les ressources, puis sortez par la porte de gauche.

Après avoir rampé sous un ventilateur cassé et avoir traversé un tuyau, vous arriverez dans une pièce avec un tapis roulant pour droïdes. Regardez devant vous pour repérer le premier générateur. Allumez-le et les lumières à proximité s'allumeront.

Maintenant que le premier générateur est actif, dirigez-vous vers l'ascenseur à la fin de l'itinéraire pour descendre vers une passerelle cassée.

Activation du deuxième générateur

Traversez la passerelle cassée et vous remarquerez deux ventilateurs sur le mur qui s'allument et s'éteignent. Montez sur la grille jaune à droite, attendez que le premier ventilateur se désactive, puis traversez-la et sautez sur le tuyau entre les deux ventilateurs. Une fois les deux ventilateurs dégagés, descendez de l'autre côté et glissez sur la passerelle pour atteindre le deuxième générateur. Allumez-le pour lui donner vie.

Éviter le Zerek Besh

Après avoir activé le deuxième générateur, descendez sur la passerelle à gauche et poussez vers une plate-forme circulaire en face. Explorez le niveau inférieur pour trouver un coffre verrouillé et des ressources avant de grimper au deuxième niveau.

De là, vous verrez des boîtes se déplacer sur une balustrade. Montez sur l'une d'elles et conduisez-la vers la barrière d'énergie, en descendant sur la plate-forme en dessous juste avant de heurter la barrière.

Suivez le chemin à droite et montez les grilles jaunes pour revenir aux plates-formes circulaires de tout à l'heure. Une fois de retour, accédez au terminal de l'ascenseur, coupez-le et sélectionnez « Distribuer l'énergie ». L'ascenseur turbo s'activera et Kay verra que Gedeek et ND sont maintenant dans l'ascenseur.

Lorsque la porte en face de vous s'ouvre, traversez-la et suivez le chemin. Après une cinématique montrant les soldats Zerek Besh entrant dans l'installation, préparez-vous au combat en passant dans la salle suivante.

Combat en duo Zerek Besh

Dans la salle suivante, vous affronterez deux guerriers Zerek Besh. Ce combat sera plus facile à gérer que votre rencontre précédente, car vous avez maintenant amélioré votre blaster et votre kit.

Conseil de pro : utilisez une couverture et visez leurs têtes pour infliger rapidement des dégâts importants. Sprintez vers de nouveaux endroits lorsqu'ils s'approchent trop près et utilisez votre module d'alimentation pour des attaques explosives. Continuez à bouger, utilisez la couverture de l'arène à votre avantage et réduisez leur santé.

Une fois les deux guerriers à terre, dirigez-vous vers le coin arrière droit de la salle pour retrouver Gedik et ND, marquant la fin de ce segment.

Cette section pose les bases de la prochaine mission, se préparant à infiltrer un avant-poste Hutt.

Mission 21 : La vérité

Nous entamons maintenant les dernières étapes des préparatifs du braquage, qui incluent principalement l'obtention des codes d'accès de Sliro, avec Legacy arrivant à sa conclusion une fois que vous aurez rétabli la connexion endommagée entre Kay et sa mère éloignée. Cette procédure pas à pas vous guidera à travers toutes les étapes à suivre pour obtenir les codes, y compris des conseils sur la façon d'esquiver les obstacles, de collecter des ressources importantes pour les améliorations et d'identifier les sites d'intérêt critiques.

Sachez qu'il s'agit du point de non-retour officiel de la campagne avant de plonger dans La vérité. Vous serez obligé de terminer les missions narratives jusqu'à la fin du jeu une fois que vous aurez commencé cette mission. Vous pouvez continuer à accéder au monde ouvert une fois le jeu terminé pour participer à des quêtes secondaires et à d'autres activités, alors ne vous inquiétez pas.

Se préparer pour le braquage

Vous devriez vous rendre au Trailblazer et parler à Jaylen, qui vous attend dans le cockpit, après avoir terminé Legacy. Après vous avoir offert des conseils sincères sur la valeur de la famille, il passera directement au plan. Nous avons besoin de la clé principale de Sliro, qu'il porte toujours sur lui, pour entrer dans sa maison. Nous pourrons commencer le vol une fois que nous l'aurons obtenue.

La prochaine chose que vous devez faire est de parler à Riko, qui se trouve à Akiva près du lac, non loin de l'endroit où le vaisseau arrive après Legacy. Montez dans votre voiture et allez là où elle se trouve. Riko vous exposera la stratégie : nous allons pénétrer dans la base où Sliro se réunit en utilisant une navette impériale, mais il y a un hic : une fois que nous aurons commencé, il n'y aura pas de retour en arrière tant que le travail ne sera pas terminé.

Attention au point de débit

Riko fera comprendre qu'il s'agit du dernier point de non-retour après leur discussion. Vous serez obligé d'accomplir un certain nombre de dernières tâches après avoir commencé la mission. Après le générique, vous pourrez retourner dans le monde ouvert, mais il est essentiel d'être prêt avant de continuer. Essayez d'améliorer votre vaisseau spatial, de terminer toutes les tâches d'expert et d'améliorer votre blaster. Le vaisseau doit être capable de subir des dégâts importants car il est essentiel au résultat de la mission.

Informez Riko que vous êtes prêt à partir quand vous le serez. Pour commencer le dernier vol, la navette décollera et se rendra à la base impériale.

Entrée dans la station

Une fois la navette atterrie, avancez vers une série de boîtes en suivant Riko. Des stormtroopers seront postés pour protéger une porte, mais la plupart d'entre eux disparaîtront de la vue, vous donnant la possibilité de vous faufiler à travers.

Riko ouvrira la porte et lorsque vous entrerez dans la chambre suivante, vous verrez une caméra de surveillance surveillant un obturateur. Appuyez sur le bouton sur le mur de la salle de contrôle en utilisant le mode de commande de Nix. En faisant cela, vous pourrez désactiver la caméra et continuer à utiliser le pic de données pour pirater le panneau de porte.

Lorsque vous entrez, un officier impérial utilisera un terminal. Abattez l'officier en vous cachant soigneusement derrière lui, mais gardez un œil sur le stormtrooper qui tourne autour de la zone. Coupez le terminal pour désactiver la porte de sécurité et placez un traîneau de fret devant elle après avoir désarmé l'officier. Vous serez couvert lorsque vous franchirez la porte de sécurité avec ce traîneau.

Riko vous laissera maintenant continuer tout en gardant un œil sur les choses par derrière, en utilisant le traîneau de fret comme couverture. Dès que vous voyez un stormtrooper patrouiller dans le couloir, avancez le long de celui-ci.

Vous verrez un stormtrooper et un officier impérial debout à côté d'une porte, avec une caméra au-dessus. Envoyez Nix appuyer sur un bouton juste au-delà de l'arche de gauche pour éteindre la caméra. L'officier impérial au bout du couloir devrait alors être éliminé lorsque vous vous glissez devant les gardes en serrant le côté gauche des trois traîneaux de fret. Une fois que le stormtrooper à côté de l'entrée a été neutralisé, entrez.

Traversée de l'usine de fabrication de droïdes

Montez sur la passerelle et entrez dans l'usine d'assemblage de droïdes, en gardant un œil sur la fenêtre sur votre gauche. Deux stormtroopers et un officier impérial patrouillent dans le couloir au-delà. En descendant la passerelle, restez caché et veillez à ne pas attirer l'attention de l'officier impérial. Une fois le chemin libre, descendez au niveau inférieur, qui se trouve sous les droïdes.

Une fois que vous avez atterri, continuez jusqu'à atteindre la passerelle sur le côté droit de la chaîne de montage en remontant. Riko vous avertira qu'il y a une trappe de maintenance plus loin, mais procédez avec prudence car trois officiers impériaux sont postés pour surveiller le chemin. Pour éviter d'être découvert, éliminez la personne qui travaille sur des boîtes, puis reculez derrière la chaîne de montage.

Avancez et entrez dans un puits de ventilation au moyen de la trappe de maintenance après être passé sous la chaîne de montage. Une fois que vous êtes passé sous un ventilateur et que vous entrez dans une zone de maintenance, continuez à suivre le puits.

Obtention des codes d'accès

Après avoir supprimé les données du droïde Viper, nous pouvons nous concentrer sur notre objectif principal, qui est d'obtenir les identifiants d'accès de Sliro. Riko ouvrira une porte sur votre gauche dès que vous sortirez du turbolift. Lorsque vous entrez par l'entrée, un officier impérial va briefer un groupe de Stormtroopers. Lorsque vous entrez dans la première chambre sur votre droite, restez bas.

Un autre officier utilise un terminal dans cette chambre, et un stormtrooper tourne autour de l'espace entre celui-ci et le couloir. Éliminez l'officier en silence après avoir attendu que le soldat vous tourne le dos. Ensuite, dès que possible, débarrassez-vous du soldat pour éviter toute panique.

Procédez vers le coin arrière droit de la pièce, où vous verrez un conduit d'aération. Riko laissera tomber les communications pendant que vous rampez dans le conduit. À partir de maintenant, tout dépend de nous.

Vous arriverez à un couvercle de ventilation verrouillé en suivant le conduit. Utilisez votre surtension de données pour y accéder. Une fois que vous êtes en sécurité, suivez le conduit jusqu'à ce que vous arriviez à un autre couvercle de ventilation, que vous pouvez ouvrir pour accéder au couloir au-delà.

Les chambres de Sliro sont fermées, mais vous pouvez voir une salle de contrôle avec un bouton sur le mur en regardant par la fenêtre à votre gauche. Donnez à Nix l'ordre d'appuyer sur le bouton pour ouvrir la porte de la salle de contrôle. Lorsque vous entrez, il y aura deux leviers à côté d'une barrière énergétique. Pendant que vous tirez sur un levier, demandez à Nix de maintenir l'autre enfoncé.

Cela va révéler un nœud et désactiver la barrière. Si vous le détruisez, la porte de la chambre de Sliro s'ouvrira. Allez dans les quartiers de Sliro, prenez des objets et un bloc de données dans la pièce et utilisez le terminal. Découpez-le, puis choisissez Récupérer les codes d'accès.

Maintenant que nous avons les codes, nous devons nous assurer que Sliro ne sait pas qu'ils ont été volés.

Découper le système de protection du pont

Vous devrez quitter les quartiers de Sliro après avoir obtenu les informations d'identification d'entrée. Deux Stormtroopers sortiront de la porte de l'autre côté de vous alors que vous vous approchez du couloir, commençant à fouiller la salle de contrôle.

Faites-vous glisser dans la pièce que les troupes viennent de quitter pour éviter d'être détectées. Il s'agit de la zone du pont, qui est fortement fortifiée par les commandants impériaux et les Deathtroopers. Gardez la tête baissée et visez la barrière devant vous. Kay va contacter Riko et utiliser l'interphone pour annoncer une réunion de sécurité en guise de diversion. Il y aura des gardes qui resteront et d'autres qui partiront.

Votre objectif est d'aller dans la fosse qui se trouve juste sous la fenêtre du pont, où se trouve un terminal permettant d'effacer les données de sécurité. Sur l'image ci-dessus, une flèche pointe vers l'emplacement de la fosse.

Votre chemin peut changer en fonction de votre équipement. Prenez la passerelle sur le côté droit de la chambre et tuez le Deathtrooper qui bloque votre chemin si vous avez le choc électrique. Si vous ne l'avez pas, descendez la passerelle de gauche, mais continuez avec prudence car il y a deux adversaires, dont un Stormtrooper en patrouille.

Après avoir dégagé l'itinéraire de votre choix, descendez les marches de la passerelle jusqu'à la fosse. Un Death Trooper qui patrouille près des marches menant à la passerelle de gauche doit être évité. Lorsque vous vous déplacez, assurez-vous qu'il ne vous fait pas face.

Une fois à l'intérieur du trou, éliminez l'officier impérial qui l'occupe. Ouvrez le terminal et coupez-le. Pour atteindre cet objectif, choisissez Ouvrir le puits de ventilation et Accorder l'accès. Après avoir coupé le système de sécurité du pont, un puits de ventilation est apparu, vous offrant un moyen de vous échapper.

S'éloigner de la base impériale

Rampez à travers l'évent jusqu'à la prochaine fosse terminale sur le pont pendant que le puits est ouvert. Il y a un autre évent sur votre droite ; ouvrez-le et traversez. Après être descendu, vous vous retrouverez dans une chambre d'ascenseur avec deux soldats Zerek Besh se dirigeant vers les ascenseurs.

Tournez à gauche et passez par la porte adjacente à la fenêtre du bureau au lieu de les suivre. Il y a une zone de réparation de droïdes à l'intérieur. Il y a un autre évent à l'arrière ; ouvrez-le et traversez-le. Cet évent se connecte au bureau d'à côté.

Tuez le garde solitaire dans le bureau, puis fuyez par l'entrée qu'ils surveillaient. Vous vous retrouverez de retour dans la chambre d'ascenseur, au bout d'un couloir. Une fois que vous pouvez le faire en toute sécurité, dirigez-vous vers le traîneau de marchandises devant vous. Ensuite, échappez aux adversaires et montez l'échelle derrière l'ascenseur le plus proche.

Atteignez le sommet et entrez dans la salle de conférence, avec la planète hologramme au milieu. Il y a une trappe de sol accessible en traversant derrière l'hologramme. Entrez-y par en dessous et descendez le puits de ventilation.

À travers le puits, vous entrerez dans un couloir. Tournez à gauche et passez par un volet pour entrer dans les chevrons du hangar. Utilisez le point d'accrochage avant pour vous balancer et vous accrocher à une grille métallique. Continuez à escalader le support en acier et traversez jusqu'à un autre point d'accrochage pour votre descente.

Une fois en bas, tournez à droite et entrez dans une zone de stockage en passant par le volet. Pour accéder à une immense chambre de navette, rampez à l'intérieur de l'évent sur la gauche.

En utilisant le point d'accrochage, descendez sur la passerelle en dessous. Pour vous rendre de l'autre côté de la passerelle, sautez sur les poutres en acier situées sur sa droite. Pour descendre plus bas, utilisez un point d'accrochage supplémentaire.

Riko vous attendra pour vous regrouper. Sortez ensemble de la salle de la navette, traversez le couloir et ouvrez la porte qui mène au hangar. Alors que vous volez vers Canto pour commencer le vol, une cinématique indiquant la fin de l'opération se jouera pendant que vous vous faufilez vers le vaisseau.

Mission 22 : Le braquage

Maintenant que Kay et Riko ont obtenu les identifiants d'accès de Sliro dans La Vérité, il est temps de procéder au braquage auquel Kay a travaillé, une dernière opération qui lui garantirait à elle et à Nix une vie commune. L'objectif de cette tâche est de pénétrer dans un coffre-fort de la propriété de Sliro afin de sécuriser leur avenir. Il s'agit d'un guide détaillé qui vous aidera à naviguer dans les objectifs principaux, les rencontres furtives et l'infiltration.

Se préparer pour le braquage

Vous commencerez la quête au Broken Hoof, une cantine qui est devenue un centre d'activité reconnaissable. Passez un moment tranquille ensemble en groupe avant de commencer le braquage. Jaylen traîne près de la cuisine, Riko et Bram discutent au bar, et Gedik, Ank et Asara boivent un verre à côté de la porte. Parler à chacun d'eux révélera leurs dernières pensées et leurs préparatifs pour l'action. Lorsque vous êtes prêt, allez voir ND-5, qui se tiendra à l'entrée pour donner le signal de la prochaine étape de la mission.

Après avoir passé le point de contrôle de sécurité ND-5, vous arriverez au périmètre du manoir de Sliro, où votre groupe (Kay, Gedeek, Asara et Riko) commencera son infiltration des lieux. Votre premier défi sera un point de contrôle de sécurité fortement fortifié tenu par des troupes. Vous devez éliminer chacun des 10 gardes sans déclencher d'alarme pour continuer. La furtivité est essentielle à la stratégie car toute détection déclencherait les alarmes et mettrait le vol en danger.

Pour commencer, glissez-vous sur le long chemin herbeux à droite. Trois gardes sont postés près d'un générateur ; deux patrouillent ensemble et l'un se tient sur une passerelle surélevée. Donnez à Nix l'ordre de tuer le garde à droite, et lorsque l'autre se retourne pour le chercher, paralysez-les tous les deux et mettez fin au combat sans un mot. Montez le chemin surélevé pour éliminer le troisième garde, en faisant tomber trois des 10.

Procédez ensuite en direction des hautes herbes à gauche du point de contrôle. Trois soldats supplémentaires vous attendent : un sur une passerelle surélevée et deux patrouillent séparément dans l'herbe. Tuez les deux gardes qui patrouillent la zone en vous déplaçant furtivement dans l'herbe et en attaquant lorsqu'ils sont seuls. Après cela, escaladez le mur pour atteindre la route surélevée afin de pouvoir éliminer le troisième garde.

Une fois les six gardes éliminés, concentrez-vous sur celui de l'autre côté du point de contrôle sur un chemin de terre surélevé. Traversez silencieusement l'herbe et éloignez le garde pour une fin silencieuse. Ensuite, attaquez un tireur d'élite perché au sommet d'une structure proche du point de contrôle. Utilisez une crête à proximité pour vous rapprocher de la position du tireur d'élite. Ce sentier a un autre garde en patrouille ; attirez-le dans l'herbe profonde puis éliminez-le. Visez la porte principale et attendez que le tireur d'élite se retourne avant de monter pour l'abattre tranquillement.

Les deux derniers gardes seront postés près de l'entrée. Vous avez deux options : continuer à utiliser votre approche sournoise ou les charger. Donnez à Nix l'ordre de maîtriser un garde, d'étourdir l'autre et de les tuer en secret. Une fois les 10 gardes éliminés, Gedik éteindra la barrière laser, vous permettant d'entrer dans le domaine.

Défier pour atteindre la trappe

Les voyous de Zerek Besh seront alertés par l'explosion préparée par Gedeek lorsque vous passerez la porte maintenant ouverte. Les ennemis qui se précipitent depuis la banque en contrebas commencent une fusillade. Pendant que vous vous soignez si nécessaire, restez à couvert et laissez vos alliés, en particulier Asara dans sa position puissante, infliger des dégâts. Les troupes de Zerek Besh équipées de lance-grenades doivent être particulièrement évitées car elles ont la capacité de faire beaucoup de dégâts. Détruisez les boucliers des adversaires avec des armes puissantes en utilisant le module Ion Blaster.

Lorsqu'il est sûr de descendre, optez pour la trappe blanche brillante en bas. Asara prendra le contrôle de l'appareil et l'ouvrira, vous permettant d'entrer dans le manoir.

Entrée par effraction dans le manoir

Vous et votre groupe devrez maintenant parcourir les passages sous la maison de Sliro. Votre chemin sera bloqué par un ventilateur non opérationnel comme premier défi. Depuis le ventilateur, prenez à droite et descendez le passage jusqu'à ce que vous arriviez à un point de grappin. Saisissez-le pour descendre à un niveau inférieur. Il y a une trappe de l'autre côté du tunnel. Pour arrêter le ventilateur, envoyez Nix pour le maintenir ouvert et faites exploser le nœud d'alimentation rouge à l'intérieur.

Après avoir éteint le ventilateur, continuez avec Gedik et Riko. Bientôt, l'itinéraire se divisera ; tandis que Riko vous conseille d'aller à droite, prenez le chemin de gauche pour trouver un coffre contenant un trésor précieux avant de rencontrer à nouveau Riko. Gedik s'inquiétera des tuyaux rouillés au fur et à mesure de votre progression. Il a raison de s'inquiéter car si un tuyau se brise, vous risquez de tomber dans un tunnel en contrebas.

Arrivée au hangar

Vous sortirez du tunnel dans un enchevêtrement de tuyaux. Lorsque le tuyau se divise, allez à gauche et à la prochaine bifurcation, prenez à droite pour vous échapper. Cela vous amène à un point de grappin où vous pouvez descendre jusqu'au Hangar, l'endroit où vous avez précédemment perdu le contrôle avec le Trailblazer.

S'échapper par le Casino

Les choses changent lorsque Sliro et Vail arrivent après avoir récupéré les richesses du coffre-fort et échappé à l'embuscade de Zerek Besh. Vail admet alors qu'il n'est pas complètement convaincu par les menaces de Sliro, et une séquence montre Kay, Riko, Gedeek et Ank s'échappant juste avant d'entrer dans le système d'égouts de Canto. Alors que Kay et Riko planifient leur fuite via le casino, Gedik et Ank choisissent un chemin différent. L'objectif du vol est désormais de s'échapper vivant, c'est donc désormais une course contre la montre.

Explosion au-delà du mur de mousse orange

Dès que vous reprenez le contrôle de Kay, montez les escaliers devant vous et suivez Riko jusqu'à un mur sur lequel pousse de la mousse orange. Pour avancer, tirez sur le mur avec le module d'alimentation pour faire un trou qui vous permettra de passer. Après avoir tourné un coin, vous rencontrerez un droïde dans un bureau de sécurité du côté opposé. Asara se présente et détruit le robot avant que vous n'ayez la chance d'interagir. Elle vous informe rapidement de la situation, ce qui a compliqué votre stratégie d'évasion autrefois simple, car les Zerek Besh ont commencé à évacuer le casino.

Barrière énergétique d'abord et noyaux d'alimentation ensuite

Vous entrez dans un ascenseur et montez à l'étage jusqu'à la section bar du casino pendant qu'Asara vous y emmène. Ici, votre progression est instantanément bloquée par une barrière énergétique. Dès que Riko commence à pirater un panneau voisin, deux noyaux d'alimentation de chaque côté de l'arche s'éjectent. Pour supprimer la barrière et continuer, armez votre blaster et tirez sur les deux noyaux d'alimentation.

Défier la deuxième barrière énergétique et Zerek Besh

Trois obstacles énergétiques vous empêchent de progresser dans la zone suivante. Deux Zerek Besh Heavys pénètrent dans la zone pendant que Riko continue de travailler à la découpe de la deuxième barrière. Utilisez toutes les armes que vous pouvez trouver, car ces adversaires sont mortels et bien blindés. Tuez-les dès que vous le pouvez et assurez-vous d'emporter l'une de leurs armes à feu avec vous afin de pouvoir l'utiliser lors du prochain combat.

Cinq noyaux d'énergie jailliront des barrières lorsque Riko aura terminé son piratage et vaincu les Heavys. Sur la barrière énergétique à votre droite, il y a un noyau d'énergie ; sur la barrière du milieu, il y en a trois ; et sur la gauche, il y en a un de plus. Pour retirer le deuxième ensemble de barricades et avancer, tirez rapidement sur les cinq.

La dernière barrière énergétique et les combats lourds

La partie la plus difficile de la bataille se déroule dans la troisième zone. Des vagues d'adversaires, dont des Zerek Besh Heavys supplémentaires, des snipers et des droïdes, commencent à entrer dans la chambre dès que vous y entrez. Réfugiez-vous derrière l'une des deux tables de poker principales pour réduire la quantité de dégâts de feu qui pourraient vous arriver. Le secret pour cela est de faire bon usage des armes de ramassage et d'envoyer Nix pour en obtenir plus avant d'en manquer. En faisant cela, vous éviterez d'être surpuissant, en particulier par les droïdes qui se précipitent sur votre position.

Riko continuera à développer la dernière barrière d'énergie. Les noyaux d'énergie seront expulsés après un certain temps. Les neuf noyaux d'énergie sont disposés comme suit : deux noyaux devant la barrière sur votre droite, cinq devant la barrière du milieu et deux devant la barrière sur votre gauche. Pour réduire la dernière barrière d'énergie, sortez prudemment la tête de sous couverture et détruisez-les tous.

Se rendre au Trailblazer et terminer le vol

Dépêchez-vous de franchir les portes principales du casino une fois la dernière barrière supprimée. Vous devez fuir vers le Trailblazer tout en évitant les adversaires encore présents. Après être entré, la mission est déclarée accomplie puisque le vaisseau s'éloigne. Bien que le vol soit réussi, la quête de Kay, Riko et de l'équipage est loin d'être terminée, comme le montre clairement la dernière séquence.

Mission 23 : Revelator

Les choses se détériorent après qu'un groupe de parias des enfers a été rassemblé et qu'ils ont organisé le braquage pour s'emparer des richesses de Sliro. Le groupe s'échappe avec la richesse, mais ils finissent par échouer sur un destroyer stellaire. Désormais, leur tâche consiste à protéger leurs compagnons dans un monde où la trahison et la criminalité abondent.

Découvrir la trahison de Jaylen

Nous découvrons au début de la mission que Jaylen n'avait aucune intention de voler Beskar. Son véritable objectif était de prendre le contrôle de Zerek Besh en utilisant la base de données de chantage impérial de Sliro. Pire encore, Riko avait menti à l'équipage à propos de ce plan depuis le début. Jaylen prévoit de donner aux Impériaux la base de données et Asara comme preuve de son allégeance. Kay s'y oppose, perd connaissance et se réveille sur le Revelator, un vaisseau impérial. Kay élabore bientôt un nouveau plan : se faufiler à l'intérieur du Revelator, sauver Asara et ND-5 et s'échapper ensemble.

S'enfuir avec Gedik

Kay est emprisonnée par Gedik et porte un déguisement de stormtrooper lorsque les joueurs reprennent le contrôle d'elle. Après avoir traversé le couloir, vous arriverez dans une grande chambre surveillée par un officier impérial. L'officier exprime ses inquiétudes concernant le transfert d'un prisonnier qui n'est pas fiché. Les joueurs ont le choix de révéler la vérité ou de mentir, et dans les deux cas, vous pouvez continuer. Kay peut utiliser l'ISB pour effrayer l'officier ou révéler la vérité sur les crimes réels de Gedik contre l'Empire.

Vous devez vous rendre dans la salle de contrôle après avoir passé le point de contrôle. Kay conseille d'utiliser la salle de contrôle au deuxième niveau, que Gedik vous indique, pour chercher ND-5. Tournez à droite et montez les escaliers dès que vous quittez le point de contrôle pour éviter d'être vu par la caméra à proximité. Éteignez la caméra lorsque vous arrivez au terminal pour que Gedeek puisse vous accompagner. Entrez dans la salle de contrôle et extrayez le policier qui s'y trouve. Après cela, Gedik commencera à parcourir les terminaux à la recherche de données sur ND-5.

Entrée par effraction dans la réunion de Jaylen

Gedik voit Sliro dans la salle de contrôle alors qu'il se prépare à rencontrer des agents de l'ISB. Kay prend la décision de se faire passer pour l'escorte de Sliro afin d'entrer dans la conférence sans être détecté et d'approcher Jaylen et ND-5. En dehors de la salle de contrôle, vous avez vingt secondes pour rejoindre Sliro. Renvoie l'escorte réelle et suis Sliro dans l'ascenseur une fois que tu l'auras rattrapé.

Dark Vador déclare dans la cinématique que Zerek Besh a été pris en charge par Jaylen. Plus inquiétant encore, Vador apprend de Jaylen que les rebelles sont présents sur Akiva et que le Revelator est maintenant en route pour les éliminer. Jaylen se présente à cette réunion avec ND-5 et Asara. La couverture de Kay est brisée alors qu'elle envisage de libérer ND-5, et Jaylen donne l'ordre à ND-5 de l'agresser.

S'éloigner de ND-5

Les alarmes se déclenchent lorsque vous reprenez le contrôle, et vous et Asara devez trouver comment sortir. Entrez dans la chambre par un évent sur la droite, mais ND-5 vous poursuivra. Vous devrez courir le long de la passerelle tout en évitant les tirs de blaster pendant que ND-5 vous poursuit. Depuis le terrain élevé, ND-5 continue de tirer pendant que vous glissez sur une colline. Vous finirez par descendre dans un chemin inférieur où le pic de données peut être utilisé pour franchir une porte. Traversez le passage, entrez dans la salle des générateurs et montez l'échelle.

Elle vous fera traverser un certain nombre de passages et d'évents jusqu'à ce que vous arriviez au noyau de bouclier du Révélateur. Selon Gedik, vous pouvez étourdir ND-5 avec les générateurs de bouclier afin de pouvoir utiliser le pic de liberté sur lui.

Rencontre avec le boss ND-5 : première activation du noyau d'alimentation

Votre mission consiste maintenant à allumer l'émetteur central dans le noyau de bouclier. Dirigez-vous d'abord vers les noyaux d'alimentation. Descendez jusqu'aux passerelles de connexion, puis utilisez les rebords et les plates-formes pour traverser l'ouverture. ND-5 apparaît lorsque vous vous rapprochez du premier noyau d'alimentation, de l'autre côté d'un pont au-dessus. Procédez jusqu'à un évent qui vous mène à la plate-forme centrale du noyau de bouclier, où vous essayez d'allumer l'émetteur.

Néanmoins, il y a un problème avec la console centrale, vous devrez donc alimenter deux noyaux différents. Tout d'abord, localisez un évent qui mène à la première zone du noyau d'alimentation en grimpant à une échelle. Lorsque vous y arrivez, vous constatez que le noyau manque d'énergie. Pour amener l'électricité au noyau, vous devrez pousser des leviers sur quatre générateurs positionnés partout dans l'espace. ND-5 entrera dans la pièce et vous tirera dessus, alors procédez avec prudence. La rencontre devient alors une opération furtive, car ND-5 peut vous tuer instantanément de près.

Tirez chaque levier de manière stratégique pendant que ND-5 est de l'autre côté de la pièce. Retournez au terminal pour allumer le noyau d'alimentation lorsque les quatre générateurs ont tous transféré l'énergie. Vous devrez traverser la porte qui s'ouvre tout en évitant ND-5, qui vous localisera instantanément.

Activation du noyau d'alimentation secondaire

Vous arriverez à un autre passage après avoir échappé à ND-5 dans la zone initiale du noyau d'alimentation, mais ND-5 vous tirera dessus une fois de plus depuis une plate-forme au-dessus. Avant d'atteindre une deuxième zone du noyau d'alimentation, sautez par-dessus les plates-formes pour esquiver ses balles et ses explosifs. ND-5 vous attend ici, vous obligeant à vous engager dans une autre rencontre secrète.

Ces générateurs, contrairement à la salle précédente, doivent être déverrouillés à l'aide du pic de données. Cette fois, il n'y a que trois noyaux, mais vous devez crocheter chacun d'eux. Lorsque vous activez ces serrures, assurez-vous que ND-5 se trouve de l'autre côté de la pièce. Une fois les trois générateurs déverrouillés, allumez le noyau d'alimentation et fuyez ND-5 alors qu'il vous poursuit une fois de plus. Ce sera une poursuite plus intense avec des barils d'explosifs sur votre chemin. Pour éviter d'être piégé dans les explosions, sautez par-dessus les obstacles et glissez-vous derrière les palettes.

Le merveilleux ND-5

ND-5 vous suit jusqu'à la plateforme centrale alors que vous revenez au noyau du bouclier. Les générateurs de bouclier ici peuvent choquer ND-5 avec leurs étincelles. Approchez-vous de lui après que les étincelles l'aient frappé pour démarrer une cinématique dans laquelle Nix vient à votre secours et vous libérez ND-5 de l'emprise de Jaylen.

Sortir du Révélateur

Vous et Asara serez réunis après la libération de ND-5. Suivez-les jusqu'à une barrière énergétique que Nix peut utiliser le mode Commande pour désactiver. Une fois à travers, parcourez les couloirs, en vous équipant d'un pistolet blaster et de fioles de bacta. Le chemin devant vous sera bientôt envahi par les stormtroopers, vous devrez donc utiliser des couvertures et des objets ambiants comme des barils explosifs pour les éliminer.

Le combat devient plus féroce à mesure que des vagues supplémentaires de stormtroopers arrivent, y compris des tireurs d'élite et des escouades de boucliers parmi d'autres troupes d'élite. Dans les dernières vagues, les Deathtroopers arriveront ; votre objectif principal est de les éliminer. Si nécessaire, mettez-vous à l'abri pour vous soigner tout en utilisant Nix pour récupérer des objets. Lorsque l'ascenseur arrive enfin, vous devrez vous précipiter à travers les portes pour vous mettre en sécurité.

La dernière fusillade et l'évacuation

Il y aura une courte pause dans le combat dans le hall avant de rencontrer d'autres stormtroopers. Cette fois, Kay décide de s'enfuir au lieu de parler. En évitant les stormtroopers pendant que vous vous précipitez dans les couloirs, vous arriverez au hangar, où le Trailblazer vous attend. Ank déclenchera des charges, chassant l'opposition et vous permettant de monter à bord du vaisseau et de fuir.

Démantèlement du Revelator

Kay prend la décision d'empêcher le Revelator de détruire les rebelles pendant que vous vous éloignez dans le Trailblazer. Vous devrez affronter une flotte de chasseurs TIE dans ce dernier combat ; utilisez le mode poursuite pour les abattre. Un croiseur Gozanti que le Revelator envoie plus tard doit être détruit afin de signaler une aide supplémentaire.

Une séquence où le groupe avec lequel vous avez la meilleure réputation (Jabba ou un autre) envoie des troupes pour aider au combat se déroulera après la destruction du croiseur. Concentrez-vous sur la destruction des générateurs de bouclier du Revelator avec leur aide avant d'aller chercher le réacteur sous le vaisseau. Continuez votre mouvement pour échapper aux tirs de la tourelle. La mission se terminera lorsque le destroyer stellaire explose en raison d'une frappe de missile sur le réacteur.

Lorsque le Revelator est détruit, la dernière cinématique, qui montre le groupe retourner à sa vie, se déroule. Après un épilogue pendant que le générique défile, vous êtes ramené au Daruda's Diner à Jaunta's Hope, où vous pouvez continuer à découvrir des mystères, à faire des quêtes secondaires et à perfectionner vos capacités.

La fin

Dans Star Wars Outlaws, le voyage galactique de Kay Vess se termine par une mission en trois parties pleine de suspense qui se déroule sur The Revelator. Kay fait face à une dernière confrontation qui pourrait déterminer son destin après avoir organisé un équipage pour un vol. Il s'agit d'un synopsis de la fin officielle du jeu, y compris les événements de la séquence de clôture et la façon dont les choix affectent la conclusion.

The Revelator : résumé de la dernière mission

Après la séquence palpitante d'événements dans laquelle Kay libère Asara des mains impériales et sauve ND-5 en retirant son boulon de retenue, l'équipe trouve le codex volé et monte à bord du Trailblazer, leur vaisseau spatial. Mais alors qu'ils étaient prêts à sauter en sécurité, Kay entend Asara appeler les rebelles sur Akiva d'une manière frénétique. S'ils ne partent pas maintenant, The Revelator, un Star Destroyer impérial, effacerait bientôt la planète.

Lorsqu'on lui présente une option, Kay comprend qu'elle ne peut plus ignorer ses problèmes. Elle choisit d'affronter l'énorme vaisseau de front pour tenter d'empêcher le Revelator d'éliminer complètement la présence rebelle. Elle aura cependant besoin d'aide, et c'est là que sa réputation auprès des différents groupes de la galaxie entre en jeu.

La bataille finale et le système de réputation

Les joueurs établissent leur réputation auprès de divers syndicats du crime dans Star Wars Outlaws, notamment les Pykes, le Crimson Dawn, les Hutts et le clan Ashiga. Au cours du combat décisif, Kay demandera de l'aide, et le camp avec lequel elle a le plus de réputation répondra.

Les Pykes : Gorash répond au téléphone et promet d'aider Kay.
Les Hutts : Jabba le Hutt lance une invitation à l'aide.
Le clan Ashiga : la reine Ashiga prend les armes.
L'Aube pourpre : Qi'ra entre en contact avec Kay et propose le soutien du syndicat.

Bien que la langue parlée par les dirigeants de chaque groupe varie considérablement, l'histoire globale reste la même. Le groupe sélectionné soutient Kay avec ses vaisseaux, mais en échange, ils veulent le codex en guise de paiement pour leurs services. Lorsque Kay accepte, leurs armées combattent à ses côtés dans le conflit décisif avec The Revelator.

La scène de clôture

Les joueurs ont droit à la séquence finale du jeu, qui lie les destins de l'équipage du Trailblazer et d'autres personnages importants, après la destruction du Revelator dans une bataille spatiale dramatique.

Pour célébrer leur victoire, Kay, Ank, Gedeek et Asara se rendent à la taverne Broken Hoof. Ici, Gedik et Ank discutent de leurs intentions de collaborer sur des projets à venir, impliquant une opération risquée impliquant des explosifs et des droïdes. Kay refuse leur invitation à les rejoindre, mais elle jure de les aider si nécessaire.

Maintenant qu'elle n'est plus entre les mains des Impériaux, Asara tente une dernière fois d'enrôler Kay dans l'Alliance rebelle. Kay, cependant, a fait comprendre qu'elle en avait assez d'être un outil pour des groupes plus puissants. En renvoyant Asara à Akiva pour reprendre son travail avec la Rébellion, elle lui adresse ses meilleurs vœux.

De plus, Kay a une dernière conversation avec son mentor, Bram. Il lui dit que sa chambre est toujours là pour elle quand elle en a besoin, un retour sincère à leurs conversations passées.

Le choix de Kay et la suggestion de Vail

Sur The Trailblazer, Kay rencontre Vail alors que le groupe est prêt à partir. Ils parlent de ce qui s'est passé et Kay leur donne le codex, qu'elle prétend avoir égaré dans la lutte pour tromper les chefs de la mafia. Vail est encouragée par Kay à créer son propre gang criminel en utilisant le codex. Intriguée, Vail demande à Kay si elle voudrait collaborer avec elle dans cette entreprise, mais

Kay dit non, souhaitant bonne chance à Vail dans sa nouvelle entreprise illégale.

Après cela, Kay retourne à son navire, impatiente de partir pour de nouvelles escapades avec son équipage. Le dernier plan la montre en train de rejoindre Nix et ND-5 dans le cockpit, signalant le début d'une nouvelle ère alors qu'ils décollent à la poursuite d'un territoire inexploré.

Le destin de Riko dans la scène de mi-crédit

L'intrigue revient de manière inattendue sur Riko dans une scène de mi-crédit. Elle a été détenue par l'Empire parce que les crédits de Jaylen ont été falsifiés. Un officier impérial entre dans la chambre où elle est détenue pour interrogatoire. Mais ce n'est pas n'importe quel officier ; c'est Kay, se faisant passer pour un fonctionnaire impérial.

Dans une conversation mystérieuse, Kay et Riko évoquent leur passé commun en faisant référence au jeton de poker de balise de localisation que Riko lui a donné quand ils étaient enfants. Kay donne à Riko un crochet de serrure avant qu'elle ne quitte la prison, la libérant ainsi. Cet échange met en évidence le lien nuancé entre les deux personnages et crée de la place pour d'autres points de l'intrigue dans le récit.

Épilogue : Poursuivre le voyage

Les joueurs sont renvoyés dans le monde ouvert une fois le générique terminé, où ils peuvent désormais explorer librement la galaxie. Kay réapparaît à Jaunta's Hope sur Toshara, où les joueurs pourront trouver davantage de quêtes secondaires, de passages cachés et peut-être même des DLC. Bien que l'intrigue principale soit terminée, les joueurs peuvent toujours s'attendre à des aventures criminelles supplémentaires dans le vaste monde de Star Wars Outlaws. La quête de Kay est loin d'être terminée.

www.ingramcontent.com/pod-product-compliance
Lightning Source LLC
Chambersburg PA
CBHW052149220526
45471CB00004B/1587